本书获阜新社科联课题 2022FsIlx105 、辽宁省社会科学规划基金项目：L23BJY015、辽宁省教育厅基本科研项目（重点攻关）JYTZD2023080、辽宁工程技术大学2023年度社科揭榜挂帅项目23-A017、辽宁省科学事业公益研究基金（软科学研究计划）项目（B类）2023JH/10600041、北京工商大学数字商科与首都发展创新中心项目SZSK202205 资助。

异质信念与投资者情绪交互作用机理及其对资产定价的影响研究

李伯华　著

中国财经出版传媒集团
中国财政经济出版社
北京

图书在版编目（CIP）数据

异质信念与投资者情绪交互作用机理及其对资产定价的影响研究/李伯华著. -- 北京：中国财政经济出版社，2024.1

ISBN 978 - 7 - 5223 - 2694 - 8

Ⅰ.①异… Ⅱ.①李… Ⅲ.①股票投资－研究 Ⅳ.①F830.91

中国国家版本馆 CIP 数据核字（2024）第 034404 号

责任编辑：彭　波　　　　　责任印制：史大鹏
封面设计：卜建辰　　　　　责任校对：张　凡

异质信念与投资者情绪交互作用机理及其对资产定价的影响研究
YIZHI XINNIAN YU TOUZIZHE QINGXU JIAOHU ZUOYONG JILI JIQI DUI
ZICHAN DINGJIA DE YINGXIANG YANJIU

中国财政经济出版社 出版

URL：http://www.cfeph.cn
E - mail：cfeph@cfeph.cn

（版权所有　翻印必究）

社址：北京市海淀区阜成路甲 28 号　邮政编码：100142
营销中心电话：010 - 88191522
天猫网店：中国财政经济出版社旗舰店
网址：https://zgczjjcbs.tmall.com
中煤（北京）印务有限公司印刷　各地新华书店经销
成品尺寸：170mm×240mm　16 开　12 印张　162 000 字
2024 年 1 月第 1 版　2024 年 1 月北京第 1 次印刷
定价：68.00 元
ISBN 978 - 7 - 5223 - 2694 - 8
（图书出现印装问题，本社负责调换，电话：010 - 88190548）
本社图书质量投诉电话：010 - 88190744
打击盗版举报热线：010 - 88191661　QQ：2242791300

前　言

股票价格趋势有时并不能完全遵循传统资产定价理论的假设呈现随机游走的状态，而是呈现出非理性的异常波动现象。投资者有时会受情绪的驱动做出非理性的投资决策，因此应重视异象背后投资者的有限理性和非理性的研究。异质信念是投资者对于市场价格的不同预期，投资者情绪是投资者短期内受到信息冲击的反应，并将其最终体现到投资行为上，两者相互影响，在某种程度上使资产价格产生偏移。目前分别研究投资者情绪和异质信念对资产定价的文献较多，对两者的交互作用机理及其对资产定价影响的研究较少，对交互作用机理的揭示及其对资产定价的影响路径将是研究的重点。

本书在系统论的理论基础上构建股市开放性系统，研究异质信念、投资者情绪交互作用对资产定价的偏离影响。首先，基于系统工程理论构建了有限理性、非理性投资者和理性投资者的随机动力系统，通过简化交易环境仿真模拟三类投资者在股票市场中的演化路径及生灭过程，揭示其作用机理；其次，依据行为理论和变量特征，构建了异质信念和投资者情绪的代理指标并对其进行测度，应用 VAR – BEKK – GARCH 模型在真实市场中来对两者的作用关系进行验证，存在显著的双向溢出效应。通过动态面板门槛模型来揭示两者之间的非线性关系及交互机理，并据此构建了分区间的情绪交互因素，最后将其纳入 HS 模型和三因子资本资产定价模型，研究对资产定价的影响。研究结论如下：

第一，阐明了异质信念与投资者情绪各自生成机理和交互作用关系。异质信念较为稳定，发生转变需要突变点，投资者情绪与市场的流动性呈显著正相关，能够加快资产价格泡沫的生成，异质信念能使投资者趋于理性。

第二，构建了随机动力系统模型，推演了理性投资者、有限理性投资者和非理性投资者在市场上的行为演变和生灭过程。投资者情绪与异质信念在某种程度上促进了市场的流动性，三类投资者可在市场上长期并存且能达到均衡状态。

第三，揭示了异质信念与投资者情绪交互作用机理，构建了 VAR–BEKK–GARCH 模型、面板门槛模型和面板向量自回归模型。验证了实践中两者间存在显著的双向溢出效应和双门槛效应，存在非线性关系且呈倒"U"形结构。依据门槛值将两者交互作用划分为三个时期：情绪高涨期、情绪平和期及情绪低落期。交互作用是股市异常波动的重要影响因素。

第四，改进了纳入情绪交互因素的资产定价模型和行为资产定价模型。分别在情绪高涨期、情绪平和期及情绪低落期进行了实证研究，情绪因素能够显著影响资产定价。

经过综合理论分析和实证检验后，依据结论对监管层和投资者从情绪角度提出相关建议。

有别于以往的研究，本书所做的边际贡献如下：

第一，研究角度的创新：与以往研究的不同是，本书以系统理论为基础，构建开放性系统，将相关要素纳入系统进行研究，充分涵盖系统内部要素与外部要素的交互作用，寻找结构突变点，以揭示异质信念与投资者情绪的交互作用机理和刻画其对资产定价的影响路径。

第二，研究理论创新：(1) 理论创新是本书以系统理论为基础构建开放型系统，将关于"人"的假设放入系统，对异质信念与投资者情绪的交互作用机理进行分析演化，并归纳出情绪交互因素加入资产定价的研究框架中去，更加强调异质信念与投资者情绪的整体因素对资产定价的影响是一个动态的过程。与以往学者单独研究异质信念和投资者情绪对资产定价的影响不同，本书综合考虑了异质信念与投资者情绪的交互作用下对资产价格的实质性影响，去除了不产生实际作用的部分，并揭示了异质信念与投资者情绪交互作用下表现出来的新规律。(2) 本书由异质信念与投资者的交互关系得出投资者的理性程度，并将投资者分为理性投资者、有限理性投资者和非理性投资者，运用随机动力系统对理性投资者、非理性投资者和有限理性投资者进行市场行为的仿真演化，对他们的动态过程投资轨迹进行推演的同时，演绎了三类投资者在市场上的生灭过程及相互转化的演化路径。

第三，研究方法的创新：本书将采用演化仿真模型与实证模型相结合的综合建模来研究刻画异质信念与投资者情绪交互作用下对资产定价的影响，通过市场交易环境的简化揭示交互关系，再到实际交易市场的实证检验，利用动态面板门槛模型来刻画异质信念与投资者情绪的影响区间，同时改进三因子资产定价模型和行为资产定价模型并纳入新的变量因子——情绪交互因素来刻画投资者的行为影响路径。

第四，研究应用的创新：本书通过对资产定价的理论推导，放松假设将异质信念与投资者情绪的交互作用结果作为变量因子纳入资产定价的考虑范畴，以更科学的方法实现资产定价，进一步应用实证的结果即情绪交互因素对资产定价的影响研究进行了揭示，进而从情绪的视角对交易层面和管理层面的制度改善提出相应的建议。

作者

2023 年 9 月

目 录

第一章 导论 ... 1
第一节 现实问题引发的思考 ... 1
第二节 国内外研究现状 ... 7
第三节 研究内容及技术路线 ... 17
第四节 研究方法 ... 20
第五节 创新之处 ... 21

第二章 资产定价理论和投资者行为动机理论现状 ... 23
第一节 资产定价的演进发展 ... 23
第二节 投资者主观动机内涵 ... 32
第三节 投资者行为的非理性行为基础 ... 36
第四节 系统论视角下的异质信念与投资者情绪机理分析 ... 44

第三章 异质信念与投资者情绪交互作用下影响资产定价的机理 ... 55
第一节 基于随机系统动力学的因果分析 ... 55
第二节 测度异质信念与投资者情绪设计 ... 63
第三节 异质信念和投资者情绪交互作用机理检验分析设计 ... 68
第四节 交互作用下对资产定价的影响机理分析设计 ... 71

本章小结 …………………………………………………………… 78

第四章　异质信念与投资者情绪交互作用机理的仿真模拟 ……… 80
　　第一节　市场价格演绎仿真 ………………………………………… 80
　　第二节　投资者在市场中的动态均衡演绎 ………………………… 89
　　本章小结 …………………………………………………………… 93

第五章　异质信念与投资者情绪交互作用的实证检验 …………… 95
　　第一节　异质信念与投资者情绪测度指标的构建 ………………… 95
　　第二节　异质信念与投资者情绪交互关系检验 …………………… 110
　　第三节　投资者情绪与异质信念交互作用下对股票价格波动性的
　　　　　　影响检验 …………………………………………………… 125
　　本章小结 …………………………………………………………… 132

第六章　异质信念与投资者情绪交互作用下对资产定价的实证
　　　　　　检验 ………………………………………………………… 135
　　第一节　资产定价影响分析 ………………………………………… 136
　　第二节　资产定价模型在中国市场的适应性改进 ………………… 137
　　第三节　加入情绪交互因素后的资产定价模型实证检验 ………… 139
　　本章小结 …………………………………………………………… 149

第七章　结论与展望 …………………………………………………… 151
　　第一节　基本结论 …………………………………………………… 151
　　第二节　研究展望 …………………………………………………… 155

参考文献 …………………………………………………………………… 158
附　　录 …………………………………………………………………… 175
后　　记 …………………………………………………………………… 183

第一章

导　论

第一节　现实问题引发的思考

一、研究背景

我国经济近年来发展迅速，已成为第二大经济体，股市规模也在世界排名第二位。最近几年"互联网+"的兴起，新闻、社交媒体及自媒体等多种形式出现的同时也加快了信息的传播速度与传播广度。信息一体化的发展以及投资者获取信息的易得性，一方面加速了股票市场的信息发展，另一方面也使股市在信息纷杂的环境下出现很多异于传统的非理性市场现象。

我国股市曾在2015年6~8月发生了"股灾"，整个A股市场的总市值减少了33%，上证股票指数在2个月的时间内下跌幅度将近一半，此后股市成交量处于低迷状态，市场气氛冷清。证监会在2015年12月31日推出了"熔断"机制，旨在维护股市稳定，给予投资者信心，但2016年的开年交易日，沪深300指数大幅低开，开盘后很短时间内就触发了5%阈值，突破3500点。之后又再次触发7%阈值，导致当日提前休市。1月7日又触发2次熔断，实施4天后此机制被叫停了。之后股市一直处于下跌趋势中，交易量萎缩，投资者悲观情绪蔓延致使异质信念发生转变，股市呈现低迷的态势,直到 2016 年 11 月,各种利好不断,如出台了限制炒作房地产的相关政策,政府的减税改革、人民币加入 SDR 以及养老金的入市等,投资者的信心逐渐回归,异质信念又发生转变,沪深 300 指数重新回到 3500 点,股市指数的走势也慢慢呈现出逐渐上扬的趋势。

另一个有趣的现象,2008 年和 2016 年的美国大选时,新任总统获胜时均出现了我国 A 股市场上某只股票神秘涨停的现象,在 2008 年是澳柯玛股票(与奥巴马一字之差),在当选公布后迅速涨停,2016 年特朗普当选当天(因其名字别译为川普且与四川有特殊联系)川大智胜大涨逼近涨停,而希拉里落败,西仪股份(被网友戏称为希拉里阿姨)则跌停。但该现象只维持了一天的热度,第二天交易盘面就回归了正常理性,所谓的追捧仅是昙花一现,未能改变该只股票的整体趋势,短期的情绪异动并没有改变投资者预期。

金永红等(2017)[1]认为投资者情绪放大到一定程度就会引起异质信念的转变,会改变投资者的预期,进而影响到投资决策方向的改变,而异质信念发生转变后再度作用于投资者情绪的理性程度上,从而通过交易行为的变异选择造成股市资产价格发生波动,可以看出在异质信念影响下的投资者情绪是能够影响股市资产定价的。近几年我国资本市场异常现象时有发生,与传统假设下的理论研究相悖,监管层为应对这些异象推出了一些对策,但并没有取得预期效果。因此,一是应更换研究问题的视角,放开原有理论的假设。投资者并非完全理性,市场也并非有效市场,非理性现象的频发会导致资产价格泡沫的快速增大,引发系统性风险,从而阻碍市场的健康发展。一些监管措施没有经过整体系统性的分析,没有找到症结所在,实施效率不高,市场风险得不到有效的释放。二是应以系统论的视角研究整个系统的动态变化,分析由内生性与外生性共同作用机理下的系统动态演进,进而揭示内部因素的突变机理,从而提出有针对性的对策。

投资者行为和情绪的研究是一个复杂的科学管理体系,行为与情绪驱动的行为的研究如今也是经济与管理中的重要研究领域,众多学者也将系统工程中的一些概念引入股票市场进行研究，Stutzer（1980）[2]将管理理论与经济研究进行了交叉，逐渐形成了一些新的交叉学科；徐绪松（2010）[3]运用复杂科学管理理论对金融市场的行为进行了研究，构建了一些管理理论与经济研究的新方法；郑湛（2020）[4]等认为新时期的特征使人与人之间的交互作用加深，信息反馈所导致的不均衡问题也越来越突出，因此系统论应将产生不确定性行为的要素及各子系统间的交互作用包含进去，处理传统理论所不能解决的问题，创新出新的方法。

本书从系统论的视角深入研究异质信念和投资者情绪的交互效应，充分挖掘资产定价的生成机理，单独对异质信念或投资者情绪进行资产定价的影响研究并不能充分揭示其内在运行规律。本书以开放性系统整体作为研究切入点，充分利用外部因素与内部因素交互作用生成结构突变点来刻画交互作用区间，进而探究异质信念与投资者情绪的影响路径，解释市场异象背后的机理，为投资者的风险承担性和投资者的结构提供有力的实践参考，同时也为管理部门提供政策的理论支撑。本书旨在构建一个"投资者情绪因素→投资行为决策→资产定价的整合作用"研究框架，借助系统论和系统工程相关理论，通过揭示信息在市场上的传递及其影响路径，剖析异质信念与投资者情绪的交互作用机理，最后探究两者交互作用下对资产定价的影响偏离。这对于我国这个非成熟性的资本市场上的异常现象将具有更清楚的认识，能够指导投资者避免错误，正确做出投资决策，也能为监管层的管理措施提供有力的理论依据，从而减少错误定价，保证资本市场稳定有序的运行。

二、研究意义

本书选题在该研究领域属于前沿热点问题，也是行为科学关注的重点，本书从异质信念及投资者情绪的视角对行为资产定价问题进行研究，不论是在理论研究方向还是实际应用方向都是有一定意义和价值的。投资者并非理论意义上的完全理性人,而是具有理性偏好,是"社会人",也就是说投资者的偏好都是基于一定条件的。另外,本书根据系统论的理论基础提出了将人的行为的不确定性和动态性以及派生出的交互作用关系,纳入到研究框架中来,并以系统论的角度分析异质信念与投资者情绪交互作用机理,进而揭示了交互作用下金融市场运行规律,作者通过行为资产定价的原理解释了金融市场异象是贴合实际的。本书通过对股票价格风险波动规律及投资者噪声交易的深入研究,能够起到丰富资产定价理论和系统科学理论的作用。本书研究异质信念交互作用下的投资者情绪与收益率及市场板块特征的相关关系,构造情绪综合指数及应用情绪综合指数对于股票市场进行检验,弥补了对市场情绪资产定价模型理论研究的不足。同时也弥补了相关问题实证研究的不足,将异质信念与投资者情绪进行关系验证,采用面板门槛的区间来定义并刻画出两者的关系,其结果被代入到行为资产定价模型中,并对此做出了实证检验。本文做了一些创新性探究,通过实证异质信念与投资者情绪交互作用下资产定价的影响,将研究内容应用到不同的行业板块,以揭示投资者情绪对这些板块的异质性影响。本书的理论意义是以系统的视角构建开放性股市系统,利用中国的实证数据,既检验了传统理论在中国的应用,又丰富了资产定价理论。本书的应用价值则主要体现在构建异质信念与投资者情绪交互作用下的作用区间,揭示了投资者的非理性行为对中国股市价格具有阶段性的影响。

本书深度剖析了异质信念、投资者情绪交互作用机理,以及影响资产价格变化之间的关系,构建开放性的市场体系,从外部因素到内部因素的影响突变,再到整个系统的动态调整过程研究,均能为资本市场管理者、投资者提供更多的实际依据。为我国监管者基于投资者情绪视角,有针对性地制定相关行为监管对策,提供理论依据。本书加快了研究异质信念与投资者情绪的步伐,加快了研究结果的应用性创新,方便制定投资者教育计划完善市场机制,做好市场信息的治理。稳定的资本市场是社会稳定的基础,是投资者安心翱翔的天堂,从行为的角度进行市场的建设更具有针对性。

另外,从行为科学的角度来说,我国资本市场的制度仍不健全,投资者虽然置身于信息时代,但市场信息仍处于不对称的状态,同时个体投资者接受教育程度不高自身禀赋存在差异,对于市场上的扑面而来的交易信息不但难以辨别真伪而且在处理和接受信息上也存在时滞性和差异性,这样的结果导致市场上经常存在过度反应现象或反应不足的情况。正如现今市场凸显的一些非正常现象,投资者的非理性现象显著,如"追涨杀跌""同涨同跌""板块轮动"和"羊群效应"等,这类情况造成股票价格难以对即时信息做出的真实反应,造成股票价格与实际价值完全脱节的情况,然而专门的噪声交易者和持有内幕信息的交易者则能够利用此类现象找准时机大做交易以获取超额利润。对比西方证券市场,我国证券市场的有效性更低,投资者表现出的不理性现象更强。我国个人投资者占绝大多数,机构投资者虽然数量相对少但也存在投资者情绪,机构投资者做出的非理性行为也会带动个体投资者的非理性交易,这说明在中国资本市场上异质信念与投资者情绪对于市场波动所起到的作用更加显著。因此对于投资者决策行为过程的充分认知,能够掌握发展规律,可以使我国资本市场逐渐步入成熟和有效。

三、拟解决的关键问题

本书将着重对以下问题进行研究:

第一,从系统的角度构建开放性股市系统。将投资者动机(异质信念与投资者情绪)及资产价格等因素纳入系统要素,通过内因与外因的作用和交易环境的逐步复杂化仿真模拟,揭示了异质信念与投资者情绪交互作用机理及对资产价格产生作用的机理。

第二,确定投资者情绪与异质信念的概念。投资者情绪测定指标和异质信念测定指标的科学构建，对各指标进行科学的选取，以减少自相关性和重复性为目的，并精确对异质信念和投资者情绪的测度，构建度量投资者情绪指标时，应重点选择与短期波动相关的数据，异质信念选取与长期信念转变相对应的数据集。

第三，以异质信念与投资者情绪交互作用下的理性程度为特征构建动力系统模型。对三类投资者（理性、非理性和有限理性）的进化演变及生灭过程进行演绎分析，进而揭示情绪驱动下投资者理性程度的变化对股市价格波动的影响规律。

第四，投资者的异质信念与投资者情绪的交互作用。基于行为科学的理论视角，建立一个全方位的、多维度的投资者主观信念框架，将长期的异质信念、短期的异质信念、不同状态的投资者情绪，以及异质信念与投资者情绪交互作用均纳入其中，构建一个"投资者主观信念→投资者决策行为→资产定价"并加入不同调节变量的充实研究框架。

本书将从以下三个层次展开研究：

首先，分析异质信念与投资者情绪的互动关系，进一步探讨异质信念调整后对投资者情绪的作用机理，以及投资者情绪的变化对异质信念的影响机理，并揭示这两种作用机理和路径。

其次，从动态系统的角度，探究异质信念与投资者情绪的动态交互作用机理，在信息的传递下，投资者情绪的调整如何影响到异质信念的改变，异质信念调整后又怎样改变投资者情绪，投资者情绪又如何作用于异质信念，双向影响程度是否是一致的，异质信念对投资者情绪的作用是推动还是抑制，这样形成一个交互作用的动态体系。研究重点是揭示两者之间的非线性关系以及演变路径。

最后，探讨在动态的异质信念和投资者情绪交互作用机制对资产定价的影响问题。这部分的研究将会更深入地揭示出对资产定价的影响和作用机理，进而从情绪因素的角度对完善股市监管体制及交易制度提出建议和相关制度设计。

第二节 国内外研究现状

一、系统论在股市系统的应用研究

投资者市场参与度的提高,既加快了市场的发展也增加了市场的流动性。但是股票价格的波动并不符合传统定义的随机游走,而是呈现出非理性的状态。事实证明,投资者并非完全理性,市场也并非完全有效。由此可知,金融市场是一个复杂的系统,并不能通过假设就能够描述一个开放的复杂系统。张维(2013)[5]认为金融系统由大量的交互性个体构成。这个系统中包括许多要素:具有不同特征的投资者、资产价格,受心理、情绪或外部影响因素驱动的行为,资产价格等要素通过线性或非线性作用机理构成的系统。徐绪松(2017)[6]曾认为复杂科学管理中应考虑人的假设,将人的经验、思维与智慧等动态发展变化纳入理论假设中。在资本市场上投资者信念与情绪都是投资者过去的经验与自身生理思维的体现,投资者的信念与情绪间的交互作用通过信息反馈机制不断加强或改变投资者的决策行为,进而影响资产价格,不断强化的正负反馈机制使系统进入了非平稳阶段,外部冲击或内部突变都会造成系统的崩溃。股市发展与实体企业密切相关,股市系统崩溃的冲击也会逐渐影响实体经济,从而影响社会发展的稳定性与有序性。Bornholdt等(2001)[7]应用系统工程的方法研究了金融系统泡沫的动态演化。因此,从系统论的角度来研究异质信念与投资者情绪作用机理下对资产价格的影响,也是一个新的研究思路。

自1990年钱学森提出开放复杂巨系统后,逐渐将理论应用到了社会经济领域。吴冲锋和宋军(2002)[8]系统地分析了金融系统的复杂性后提出了解决复杂性问题的研究思路。伍海华和张宗强(2004)[9]通过引入行为学相关理论研究了金融复杂性系统,构建了行为模型。邹琳和马超群等

(2008)[10]通过建立动力学模型进行模拟和仿真后,发现股票市场具有非线性动力学特征,此发现进一步揭示了中国股票市场的演化规律。Schweitzer(2009)[11]对金融系统进行相关研究,构建了复杂系统交互网络模型。Farmer(2009)[12]认为投资者个体通过对信息和规则的调整产生异质性行为来适应金融系统。随着研究的深入展开,众多学者都发现构建股市系统的重要性,能够解决单一研究所不能解决的系统性问题。夏丹(2014)[13]发现股票市场存在复杂性。学术界将金融系统作为一个非线性动力系统应用复杂性科学进行相关的研究,以揭示金融市场内部演化机制。张维等(2017)[14]通过分析后发现应用系统理论研究金融市场系统可以充分揭示金融系统的演化规律。邹力行(2019)[15]认为要用"度"也就是区间拐点的思路来研究金融系统的平稳问题。张维等(2019)[16]将金融系统的研究分为三部分:金融系统方法的研究、金融系统风险传染和金融系统参与者行为。金融系统研究方法主要是计算实验,通过计算机模拟真实市场运行,金融系统量化方法主要进行系统动态风险的测度和复杂系统的动态演化等。刘小瑜和余海华(2020)[17]认为中国股市系统的复杂性与收益率显著相关,系统内部信息的有效传递能显著造成股市系统的复杂度。高宏(2020)[18]通过系统科学方法建立了股票市场系统模型,认为股市具有非线性、正反馈、有界性等系统特征。可见,学界都认为应用系统论的视角与解决方法进行金融市场系统性研究有一定的必要性,且能够解决金融系统存在的突出问题。

二、投资者行为理论研究现状

在资本市场上,从传统理论结合行为学进行研究后取得了很大的进展,投资者行为学方面的有关研究主要从市场的非有效性和投资者行为两个方向展开,其中对市场的有效性研究是行为研究的基础。

(1)在非有效市场理论的研究上,Friedman[19]认为只有非常少的投资者有纠正价格的行为意愿,因此股票价格背离价值的状态会一直延续。

Tversky 和 Kahneman（1974）[20]提出"易获得性偏差"，说明投资者出于心理偏差会将因偶然性得到收益的事情看作经常发生的事情。Kahneman 和 Tversky（1979）[21]认为前景理论表明了投资者在资本市场上收到信息再做出决策的整个过程，但是当有消息无法被获取时，投资者的决策行为就会受到其他投资者和外部环境的影响，这时因投资者的异质性就容易出现非理性的决策行为。两位学者据此构建了前景理论的投资者决策模型。DeBondt 和 Thaler（1985）[22]提出了"代表性误差"，投资者基于过度自信的心理，对行情进行预估时，盈利者更倾向于乐观，而亏损者害怕损失会更悲观，但是往往两者都会对未来的走势表现出一致的乐观，他们会认为自己掌握了准确的规律而忽视股价本身难以预测的特性。席勒曾指出，投资者不要过于认为自己已经掌握了资产价格波动的规律[23]。DeLong[24]等（1990）认为在执行成本、基本风险和噪声投资者风险中，噪声投资者风险的影响最大，且远超另外两个。Peters（1996）[25]认为，投资者在处于复杂的投资环境时会规避麻烦而选择"启发性经验"来做出投资决策，并不会一直采用概率来进行投资决策，但由于区分界限不清晰会产生非理性的决策行为。在投资者的参与过程中，信念与情绪也是不断演化的，投资者的理性程度也会随着市场而发生演变，理性投资者与非理性投资者之间也存在演绎变化。张永杰、张维和熊熊（2010）[26]研究认为长期看来在价格内生且处于套利限制时，理性套利者并不能战胜非理性投资者，也就是说，非理性投资者可以在市场上长期存在。Bruno Biaistt 和 Raphael Shadur（2000）[27]认为交易者的非理性能够增强议价能力，可以获得高于理性投资者的收益，并且通过随机动力学证明了非理性交易者的长期存在性。一些学者也认为非理性投资者与资产泡沫有较强的相关性。这些研究也表明投资者会做出非理性决策而偏离传统的研究假设。

近些年来，特别是2000年美国的高科技股票泡沫破灭后行为金融学有了较大的发展，2002年，Deniel Kahneman 教授和 Vermon Smith 获得了经济学（行为方向）领域的诺贝尔奖，他们将心理学研究与经济学有机地结合起来，体现在对人们的判断和在不确定情况下的决策上的行为金融学的研究；2004年，Eugene Fama[28]曾指出，在某种意义上，股票市场是非理性的；2013年，Robert Shiller获得诺贝尔经济学奖，主要是在行为资产价格领域的研究；2017年，Richard Thaler也获得诺贝尔经济学奖（行为方向），深入揭示了在投资者有限理性、社会偏好及缺乏控制力影响因素下，对个人决定产生的作用偏差，从而上升到市场层面。自De Bondt和Thaler[29]于1985年提出资产价格过度反应后，有效市场的理论越来越遭到质疑。在此背景下，行为资产定价逐渐发展起来。一般均衡是整个金融学的理论基础，基于此建立的一般均衡模型，如CAPM（资本资产定价模型），基于夏普等人假定，每位投资者预期都符合均值—方差最优化，投资者对于每项资产收益的均值、方差与协方差的估计均具有一致性，投资者不需要承担交易成本，且只能拥有一项无风险利率的资产，所以投资者购买的资产组合都相同。2003年，坎贝尔[30]指出不确定性在资产定价研究中起到了关键的作用，并且认为能影响投资者作出决策差异的就是随机贴现因子。Breeden（1979）[31]陆续提出CCAPM（消费资本资产定价模型），重新设计了风险的刻画，通过运用消费β系数（资产收益率与总消费增长率的协方差），等同于投资者效用函数，将资本市场上的各要素及变量通过投资与消费的关系联接，该模型虽具有重大的理论意义却无法解释一些金融市场异象（股票溢价之谜等）。Brown[32]也认为非理性交易者会导致系统性风险。因为这是基于同质投资者的假定，主观贴现因子基本无差别，并不能体现投资者对于不确定性风险的反应差异，所以该模型的缺陷是不能客观反映投资者的决策差别。

行为科学的理论基础是投资者套利行为的有限性和投资者心态。在现实市场中理想的套利行为并不存在，很多证券没有理论上的替代品，套利会面临基本面上的风险，再加上我国资本市场的特点，资产误定价的现象广泛存在，价格与价值间存在一定程度的偏离，再加上存在市场信息的不对称，导致套利行为具有有限性和风险性的特征。而投资者心态则涉及投资者自身的禀赋差异所导致的信念差异，以及情绪的高低，进而造成投资决策与行为的差别，影响了证券的价格和收益，体现了非理性行为对市场的干扰。在非完全有效市场的条件下，不能否定非理性投资者的存在。赵鹏举和张维（2019）[33]将投资者分为理性投资者和非理性投资者并引入动力系统演化他们在证券市场上的生灭过程，发现理性投资者与非理性投资者可长期共存，且能达到均衡。扈文秀等（2015）[34]认为非理性程度越高资产泡沫膨胀速度越快。如果能对非理性的因素进行系统的分析与研究后就能完美地解释各类市场中的异象，深刻挖掘驱动股票价格波动的内在驱动力量，对于资产定价过程作出更加深入的研究，那么对于市场的监管层及投资者本身都具有非常实际的指导意义。

（2）投资者行为的主观动机方向上的研究分为异质信念和投资者情绪两个部分。

投资者基于经济学中的理性假设存在争议。经济学中的研究是基于"理性人"与"同质人"的假设。也就是说，投资者的个体偏好"应该"是一致的，"经济人"的定义等同于"理性人"，而偏好的一致性是建立理性行动者模型的前提。从 Fisher、Samulon 和 Koopmans[35][36]等人的研究中可以看出，投资者的投资决策根本不会遵循贴现效用模型所描述的行为选择，投资者行为不会与贴现率的变化趋同，而是随着跨期的行为选择发生变化的。也就是说，人的行为选择是随贴现率的变化而发生改变的，具有不一致性，主要表现在面对收益和面对损失具有不一致性，在"美好"与"不舒服"的跨期选择中具有不一致性，参考著名的"吃葡萄"理论，也就是说人们具有随偏好递减而不舒服递增的特殊现象。在股市中也有这样的现象，人们对于同等程度下损失的心理恐惧大于收益带来的心理满足。Frederick 等（2002）[37]研究发现，人们的贴现率差异性很大，人们具有不同的偏好，市场也并非完美的市场。所以这一现象的本质就是传统经济学中的偏好一致的假定并不完全成立，投资者表现与完全理性背离。预期效用理论，它描述的是人们在不确定情况下的理性行为，认为投资者在进行判断和决策的过程中是理性的并且遵循一系列公理，在不确定的情况下，通过预估对各种可能出现的结果进行加权，可以得到投资者最终的效用水平。但在实际交易行为中投资者在做出决策时，并不能做出一致性选择，投资者会基于自身的消费习惯和富裕程度考察所承受的收益与风险来做出异质性的决策。以上这些情况反映出投资者的理性受到了限制，也就是存在有限理性。

首先，对于异质信念的研究。资本市场将众多投资者的行为连在一起，对于投资者个体间交易行为的相互影响也是具有价值的研究。最早提出群体行为的是 Keynes（1934）[38]，他认为众多的个体行为构成了市场的总体波动。Festinger（1962）[39]提出"认知失衡减弱"，也就是说，市场是以大多数主流的观点为主来推进的，微弱的不同声音会被选择性忽略。之后越来越多的学者开始研究群体性行为，例如，"羊群"效应、异质信念模型以及投资者情绪模型等都是当时的研究热点。Miller（1977）[40]最先提出异质信念，同时也研究了异质信念与资产定价的相关问题，提出了在异质信念和卖空限制下，股价预期价格偏高的原因是股票价格只能反映乐观投资者的意见而不能反映悲观投资者的情绪。David（2008）[41]结合前人的研究对异质信念理论方面进行了拓展。

在理论方面，Chen（1993）[42]和 Diether 等（2002）[43]提出了有关行为金融的理论，但是还没有形成有机的研究体系。刘志阳（2002）[44]也开展了投资者行为的研究。将投资者行为的研究划分为投资者个体行为和投资者群体行为两个方面。异质信念、投资者情绪、"羊群"效应等是投资者群体行为研究的一些方向。Diether（2002）[43]改进了 Miller（1977）[40]静态模型建立了动态模型，能够精确解释各种市场上的异象、泡沫的生成和投资者的投机等。Hong 和 Stein（2007）[45]、David（2008）[41]对形成异质信念的机制进行了研究和总结，认为渐进信息流、有限关注与先验的异质性是三大生成机制。我国学者周奇（2019）[46]等发现异质信念对均衡价格有重大影响。

在实证方面，主要的研究集中在异质信念对资产定价、投资者情绪行为和风险溢价的应用影响研究上，目前有关异质信念与资产定价的影响研究文献较多，主要的研究成果是噪声交易模型和异质信念模型。噪声交易模型将投资者分为知情、不知情和噪声交易者，每类交易者对信息的掌握程度不一样，因此对市场的预期不同；异质信念模型是将投资者按处理信息的能力进行划分，通过数学函数来进行刻画和分析，假设投资者所处的信息环境相同，只是处理能力有差别。两种模型的结果都是通过个体行为的差异影响资产价格的波动。

其次，对投资者情绪的研究。Shleifer（1997）[47]从心理学的角度对投资者情绪进行了概括和界定；Black（1986）[48]最先将投资者情绪纳入资产定价的研究中；Shleifer（1997）[47]认为投资者情绪是一个动态生成的过程，是投资者错误使用了先验概率；Barberis（1998）[49]等认为，投资者使用错误的先验信息会导致信息的过度反应；Lee（2002）、De Long（1990）、Brown 和 Cliff（2004）、Baker 和 Wurgler（2006）[50]也分别从市场总体、预测能力、市场收益和市场收益横截面等方面做出了大量的有关投资者情绪影响的研究；Brown 和 Cliff（2005）[51]从投资态度角度对投资者情绪进行了界定；Baker 和 Wurgler（2006）[50]则认为投资者情绪是基于未来预期的判断，并不能反映出正确的结果。

Baker 和 Stein（2004）[52]则认为资产定价的误定价就是风险偏好的具体化。Brown 和 Cliff（2005）[51]则认为投资者情绪是产生资产误定价的重要原因，能够显著影响收益率。目前对于投资者情绪的研究，实证较多而理论研究较少。Black（1986）[48]最早将投资者情绪与资产定价进行研究。Baker 和 Wurgler（2006）[50]也研究了投资者情绪对资产定价的影响。近年来研究增多，罗衍（2017）[53]证实资产定价模型的系统因子中可将投资者情绪纳入，并有区制性影响。David（2018）[54]认为投资者情绪可导致短期的资产误定价，陈健（2019）[55]认为投资者情绪可作为中间变量影响股票定价；朱红兵等（2019）[56]研究发现投资者情绪能够解释规模溢价问题。

三、异质信念与投资者情绪对资产定价的影响研究现状

学术界研究异质信念和投资者情绪对资产定价的影响，都是分开进行

研究的。Baker 和 Wurgler（2006）[50]曾认为，投资者情绪具有不同的状态，在不同的状态下投资者对股票的估值有不同的预期和选择，投资者情绪高涨时趋于乐观，会给予较高的估值；当投资者情绪低落时趋于悲观，会给予相对低的估值。在徐枫和胡鞍钢（2012）[57]、Bayar 等（2015）[58]的分析框架中，将异质信念定义为投资者预期的分歧程度（方差），投资者情绪定义为投资者预期的乐观程度（均值）。在资产定价和资产收益的判别标准中"均值"与"方差"是重要的标志性指标，异质信念和投资者情绪也可以看成测度投资者信念的两个维度。由此可判断出，异质信念与投资者情绪是相辅相成的两个"搭档"，既存在内在联系又存在外部影响，因此要展开研究，必须把两者放在一起进行整体的分析。张丽丽等（2017）[59]发现异质信念能显著影响资产误定价。徐枫和胡鞍钢（2012）[57]曾表明，关于异质信念与投资者情绪结合在一起进行实证研究的文献较少，更多研究都集中在分别研究异质信念与资产定价的关系或投资者情绪与资产定价的关系。资产定价理论开始研究引入异质的假定，并探讨随机贴现因子的决定因子，因为投资者在收入、偏好、禀赋方面异质在处理随机贴现因子应充分考虑将效用函数建立的对投资者决策行为的心理活动规律上，使效用函数能准确刻画投资者的真实决策行为，而不是将不确定性转变成对于风险的概率估计。在行为资产定价研究中应将真实的决策行为加入资产定价模型中，这样基于投资者的异质行为决策的影响因素都得到了计量，如将投资者的异质信念、情绪、财富差异、消费习惯、损益偏好等都逐步引入，将会更加精准地刻画随机贴现因子。李茹霞和扈文秀（2019）[60]发现投资者异质信念下的非理性因素是造成股票价格异常波动的原因。

不同情绪状态下的选择和预期具备异质性，也就导致了投资者信念的异质性，体现出了异质信念与投资者情绪相互影响作用的机理。

根据以上分析，异质信念和投资者情绪两个指标可以充分描述投资者的心理行为特征，体现出研究的完整性。因此可以把异质信念与投资者情绪放入一个研究体系进行分析，这样就能够全面地刻画投资者的心态变化与行为变化过程。现有的关于异质信念与投资者情绪的研究都是单独进行的，但是异质信念与投资者情绪存在难以割裂的关系，单独研究难免会出现研究结论上的偏差，而且对于投资者行为的研究也不能涵盖其全部特征，更无法揭示两者交互作用的新机理。研究过程中，异质信念与投资者情绪代表了投资者的全面特征，长期的、短期的、个体的、群体的，这些都是分开研究所无法兼顾到的。另外，在实证中，两者结合起来研究也能够弥补单独构建指标和理论建模的片面性，同时也能够容易通过个体的研究上升到群体的研究，因此，从各方面的研究需求来说，都应当将异质信念与投资者情绪结合到一起作为一个整体来进行研究，全面完整地刻画投资者的行为特征，将两者有机结合后进行整体性的研究。

异质信念和投资者情绪都是投资者行为心理特征的两个方面，它们之间也必然存在一定程度的交互作用和相互影响。已有一些国内外学者提出了将异质信念与投资者情绪结合进行整体研究的重要性，如徐枫和胡鞍钢（2012）[57]、Bayar（2015）[58]等。另外，张宗新和王海亮（2013）[61]、俞红海等（2015）[62]、付萱和陆加徐（2015）[63]、曾燕（2016）[64]以及刘燕（2018）[65]等一些学者已经开始分析和探究对异质信念和投资者情绪之间的作用机理。张宗新和王海亮（2013）[61]认为，投资者情绪的改变会受到投资者异质信念的生成的影响，也会反映到市场价格的波动中。他们也发现了影响投资者情绪的一个重要因素就是投资者异质信念，而最能直接影响投资行为的就是投资者情绪，他们都会促使市场价格产生波动。但这只是异质信念对投资者情绪的单向影响，也就是投资者异质信念不会因为投资者情绪的变化而被动产生波动。其原因在于异质信念较为稳定，是投资者的主观概率，一般在受到外部信息和投资理念双重作用下才会改变，投资者的异质信念也是一个贝叶斯学习过程，能够处理产生的信息，促使投资者信念不断进行微小调整以适应市场。俞红海等（2015）[62]等通过分别研究异质信念、投资者情绪对中国股票市场首日IPO溢价、长期超额回报的影响，发现投资者异质信念能够使投资者情绪在短期内对价格偏离的作用加强的异常现象,并且两者都与这三个变量呈正相关的关系。但是从长期来看,这种影响并不存在。付萱和陆加徐(2015)[62]研究也发现异质信念与投资者情绪存在相互作用,通过实证研究异质信念与投资者情绪对市场未来超额收益的影响发现,当投资者情绪高涨时,异质信念起到了显著的抑制作用,降低了市场未来超额收益,异质信念更倾向于使资产定价更准确;当市场情绪低落时,异质信念不能显著地影响未来超额收益。这些研究在异质信念与投资者情绪共同影响资产定价问题的研究方面做出了探究。刘培佩(2018)[66]认为投资者情绪能够改变异质信念的预期,进而影响资产价格。

本书通过研究发现,虽然这些学者同时研究了异质信念和投资者情绪对资产定价的影响,但是仍存在不足,他们在研究中考虑了异质信念、投资者情绪单向作用于资产定价,并未涉及异质信念和投资者情绪之间的交互作用机理下的资产定价的偏移。但是也有部分学者认识到了这个问题,张宗新和王海亮(2013)[61]研究了异质信念和投资者情绪之间的相互作用对资产定价的影响,研究假设投资者对于证券价格存在自认为"合理的"认知预期,并通过不断更新的风险证券价格作为信息集,又反作用于投资者预期。同时还假设市场上不存在卖空机制,有两类投资者:机构投资者和个体投资者。存在无风险资产和风险资产(风险证券)两种资产。模型中加入主观信念调整过程,精确地刻画了主观信念在投资者处理信息时,在影响情绪的过程中所起到传导作用。但他们只是研究了异质信念(信念调整)对于投资者情绪的单向影响机制,而没有将异质信念和投资者情绪之间的交互作用影响机制放入研究范畴。J Li(2017)[67]通过构建异质情绪资产定价模型发现异质信念与投资者情绪能够影响均衡价格。Li 等(2019)[68]也发现了异质信念作用下投资者情绪能够影响金融市场的波动,而且对研究异质信念调整影响投资者情绪的作用机制还不够深入,没有进行更深层次的挖掘。

由此可见,这些研究已经开始探究了投资者情绪与异质信念共同作用下价格的偏移,但还存在一些不足之处。第一,在这些研究中,投资者情绪和异质信念还是分别对资产定价形成影响，而没有兼论二者之间的交互影响作用。其次，这些研究成果探究的还是主要在投资者情绪到异质信念或者异质信念到投资者情绪的单向影响上，而实际上异质信念与投资者情绪之间的关系应该是一种更加复杂的交互作用影响关系。第三，投资者情绪和异质信念的交互作用对资产定价的共同影响，应该与异质信念对资产定价的影响和投资者情绪对资产定价的影响的机理与路径具有差异性，对二者交互作用影响下的机理和路径的研究不应该是简单的汇总和叠加，更需要全面的、系统的研究和认知，设计完整的研究系统和研究结构。

第三节 研究内容及技术路线

基于前面现实和理论背景分析，本书将在现有文献的研究成果基础上，从系统论的理论视角将股票市场作为一个开放型的系统进行研究，并把投资者、异质信念与投资者情绪、资产价格等作为系统要素进行动态的研究，研究的主要目的是希望基于理论模型和现实情况，深入探讨异质信念与投资者情绪的相互作用机理，投资者在不同理性程度上的交易演变以及其交易行为对资产定价产生的影响，异质信念与投资者情绪具有交互作用机理，投资者情绪能够影响股价的波动，但影响的时长有限，而对于剧烈的投资者情绪波动则会促进异质信念进行调整，异质信念的调整又会影响到投资者情绪的释放，而投资者情绪的波动也会对投资者异质信念的形成及表现产生影响进而影响股市资产定价。因此，一方面本书将重点研究股市这个开放型系统在投资者异质信念与投资者情绪交互作用机理下的动态演化，以及异质信念与投资者情绪之间的这种动态交互作用机制的形成过程；另一方面，研究投资者在不同程度理性下其交易行为对资产定价的影响，系统性地揭示投资者特征对资本市场的影响机理和作用。同时本书还将与我国金融市场的实际运行情况相联系，通过实证研究的方式来探讨异质信念和投资者情绪对于股价的影响。在实证部分，将论证三个问题：第一，异质信念与投资者情绪的相互影响路径和作用机理，也就是两者间如何相互影响和相互作用，是否存在区间性的突变点，将重点验证两者之间的非线性关系；第二，在异质信念与投资者情绪共同影响作用下股价的价格如何发生偏离，以及对应的投资者在不同的理性程度下如何在市场内进行演绎，将结合我国股票市场的不同时期的股市价格走势来讨论异质信念的反转及投资者情绪对于股价的影响；第三，通过实证的结果，对我国现行的股市监管和交易制度从情绪因素的角度进行分析，并提出相应的完善对策。

本书将系统理论运用于投资者主观动机框架，通过随机动力系统的方法模拟仿真，以开放性系统为研究切入点，进而从异质信念投资者情绪双向交互作用下对定价的偏移过程进行分析，结合原有研究的不足，本书提出了涵盖异质信念与投资者情绪交互作用的资产定价模型和行为资产定价模型，将改进原有理论研究范式和研究方法。本书将着重研究异质信念与投资者情绪交互作用机理以及异质信念与投资者情绪交互作用下的资产定价影响，进一步丰富投资者行为相关的理论研究和拓展应用研究，针对投资者情绪突变所造成的股票市场非理性波动，制订相应的投资者教育计划，同时也为监管层从情绪的视角进行管理制度的改革和分层次的管理政策提供理论依据，以便完善证券市场对投资者的理性引导，这对于我国股票市场的监管和风险控制都有着重要的意义。

本书的研究将遵循着"提出问题→理论分析→实证检验→结论分析及建议"的思路展开。第一层次是对现有文献进行梳理，发现现有研究的不足之处同时提出自己的研究方向；第二层次是对现有理论进行分析，对相关概念及内涵进行界定，构建系统就三种投资者（理性投资者、非理性投资者和有限理性投资者）开放性系统对市场运行进行仿真模拟，以及三类投资者在市场演化中的生灭过程，进而分析异质信念与投资者情绪的产生机理及相互作用的发生机制，构建评价指标体系对两者的相关性进行理论推导，并将结论代入行为资产定价模型构建新的定价方式；第三层次是将股票市场的实际数据应用于模型并进行验证，为异质信念下投资者情绪对资产定价的影响提供实证证据；第四层次是结论分析及政策建议，从投资者情绪的视角对资本市场的管理体系进行有针对性的改进和为分层次的管理提供新的思路。

本书的技术路线如图1.1所示。

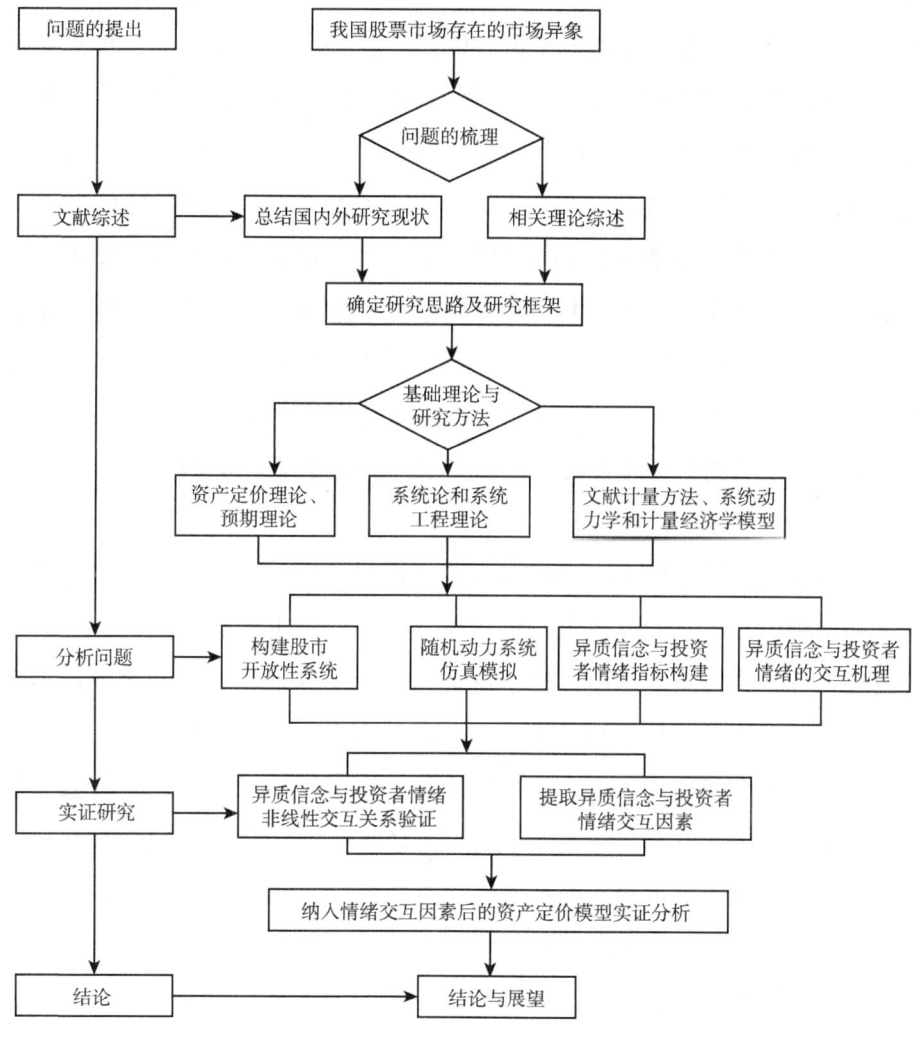

图1.1 本书的技术路线

第四节 研究方法

本书运用系统论的相关理论,将我国股票市场构建开放性系统,对异质信念与投资者情绪交互作用机理进行剖析,研究其交互作用下的定价偏离。通过文献研究方法梳理系统论、资产定价理论、异质信念、投资者情绪相关理论与前沿的研究,并作出研究演进的总结。通过文献计量软件 Citespace 对文献进行统计分析,建立研究框架,形成技术路线图,确定研究的理论基础。基于基础理论系统论、系统动力学、行为经济学的理论研究,本书运用数据建模的方法构建异质信念与投资者情绪的交互作用分析模型、资产定价模型、带有主观贴现因子和效用递归函数的行为资产定价模型,研究异质信念与投资者情绪交互作用机理及其对于股票市场资产定价的影响机制。构建系统动力模型模拟各类投资者的市场行为及行动轨迹,进而揭示投资者的行为决策机理。本书采用的主要研究方法如下。

第一,文献研究法。

通过文献计量软件 Citespace 对现有文献进行统计分析,找到研究的层次方向以确定理论基础、技术路线和研究框架。根据研究主题,本书收集与研究主题相关的文献,通过科学论证与分析,保证了研究的科学性。依据我国的股票市场的特征对系统论、系统动力学、行为科学的理论、投资者行为的相关文献进行了深入的分析之后,本书设计了整体研究框架和结构,在系统论理论基础上构建揭示异质信念和投资者情绪交互作用的模型,适用于中国的资产定价模型以及随机动力系统模型等来进行相关的研究。

第二,仿真系统建模和计量建模。

研究中需要采用定性与定量的分析方式,因此在将研究对象和研究目标确定后,本书将系统要素以数学的方式建立系统模型进行演示。在行为科学理论、系统学理论和资产定价理论的研究分析基础上,利用系统工程的方法和高级计量经济学的实证方法，本书构建随机动力系统模型、溢出效应模型、资产定价模型、面板向量自回归模型、资产定价三因子模型以及面板门槛模型等，刻画出异质信念和投资者情绪的交互作用及作用机理，对于异质信念和投资者情绪的非线性关系加以证实和揭示。通过两者的交互作用机理提取情绪交互因素，并将这个情绪交互因素纳入后续的实证研究中，进一步通过 HS 模型和三因子模型进行资产定价影响的实证分析。

第三，数据分析与处理法。

将采用 Stata、Winrats、Eviews 以及 SAS 等软件使用计量经济学的研究方法，通过对市场交易数据做出预处理后进行实证检验，以验证假设的相关分析。

第五节 创新之处

本书的创新之处有以下四点。

第一，研究角度的创新。与以往研究不同，本书以系统理论为基础，构建开放性系统，将相关要素纳入系统进行研究，充分涵盖系统内部要素与外部要素的交互作用，寻找结构突变点，以揭示异质信念与投资者情绪的交互作用机理和刻画其对资产定价的影响路径。

第二，研究理论创新。（1）理论创新是以系统理论为基础构建开放型系统，并将关于"人"的假设放入系统，对异质信念与投资者情绪的交互作用机理进行分析演化，归纳出情绪交互因素加入资产定价的框架中去，更加强调异质信念与投资者情绪的整体因素对资产定价的影响是一个动态的过程，与以往学者单独研究异质信念和投资者情绪对资产定价的影响不同，本书综合考虑了异质信念与投资者情绪的交互作用下对资产价格的实质性影响，去除了不产生实际作用的部分，并揭示了异质信念与投资者情绪交互作用下表现出来的新规律。（2）本书由异质信念与投资者的交互关系得出投资者的理性程度,并将投资者分为理性投资者、有限理性投资者和非理性投资者,运用随机动力系统对理性投资者、非理性投资者和有限理性投资者进行市场行为的仿真演化,对他们的动态过程投资轨迹进行推演同时演绎三类投资者在市场上的生灭过程及相互转化的演化路径。

第三,研究方法的创新。本书将采用演化仿真模型与实证模型相结合的综合建模来研究刻画异质信念与投资者情绪交互作用下对资产定价的影响,通过市场交易环境的简化揭示交互关系,再到实际交易市场的实证检验,利用动态面板门槛模型来刻画异质信念与投资者情绪的影响区间,同时改进三因子资产定价模型和行为资产定价模型并纳入新的变量因子——情绪交互因素来刻画投资者的行为影响路径。

第四,研究应用的创新。通过对资产定价的理论推导,本书放松假设将异质信念与投资者情绪的交互作用结果作为变量因子纳入资产定价的考虑范畴,以更科学的方法实现资产定价,进一步应用实证的结果,即情绪交互因素对资产定价的影响研究进行了揭示,进而从情绪的视角对交易层面和管理层面的制度改善提出相应的建议。

第二章

资产定价理论和投资者行为动机理论现状

新时代的特征是信息技术接近了世界的距离，加强了人与人之间的交流，加快了信息在区域的流通速度。整个系统中往往牵一发而动全身，各系统要素间的交互作用加强，因此不能以单独的眼光看待要素的作用，而是以整体的动态系统的角度来进行相关研究。同时，在研究中应当以系统科学的方法对传统的经济学理论进行整合，加强对要素与系统间的交互研究。

在研究问题提出后，将进行文献的研究以及理论的研究。梳理相关研究文献和理论为后续模型的构建以及实证分析建立坚实的基础。异质信念、投资者情绪均属于行为学的研究范畴，所以对行为科学理论和资产定价理论到行为资产定价理论的发展轨迹进行梳理和分析，也为后面模型的建立和实证的检验提供有力的支撑。

第一节 资产定价的演进发展

经典的资产定价理论是基于资产组合理论与资本资产定价理论而形成的一个统一的体系，传统的资产定价理论被广泛地运用于各类投资组合和风险评价等方面，虽然在过去这些理论发展中能够揭示出一些运行规律，并取得了长足的进步，但是随着时代的发展研究发现资本市场上存在其不能解释的一些现象，如"股权溢价之谜""过度反应"等，因此，对现有的资本资产定价模型围绕着原有的假设条件进行重新的审视与论证，逐渐加入了一些行为因素的模型，并取得了一些研究进展，能够有效地补充传统模型解释力的不足。目前，在学术界两种类型的模型都得到了长足的应用发展。最早的资产定价模型是始于1952年Markowitz[69]提出的资产组合理论，同时也是基于投资者完全理性的假设，在市场有效边界上进行组合投资。之后Sharp和Lintner在此基础上构建了CAPM模型，资本资产定价模型，该模型通过假定得到了资本市场线，确定了β系数，以求得资产组合的定价。但是随着研究的深入，该模型依然被提出了质疑。其对于存在市场上的一些现象如过度波动、反应不足等现象，超出了模型的解释范围，因此为了完善模型，一些学者Merton、Breeden等分别又提出了ICAPM（跨期定价模型）和CCAMP（基于消费的定价模型），以及后续学者Ross（1976）[70]提出了APT套利定价理论，将风险资产的预期收益率构造成相关因子的线性组合，根据因子的敏感度来选择套利机会，基于此模型的基础上，对于影响因子的研究拓展上又出现了著名的Fama French（1992，1993）[71]三因子模型以及五因子模型等。到目前为止，这些模型的研究仍然在进行中。影响资产定价的因素有很多，但是除了传统理论下的一些影响因素，如风险、规模、预期、效用等之外，行为因素也是一大影响因素，有学者曾证明股市价格变动的影响有90%来自投资者情绪因素。

一、传统资产定价发展

（1）传统的资本资产定价模型。

资产定价理论假设是基于无套利的假定，金融资产都隐含一个随机贴现因子，可以将未来的支付通过某种的状态价格进行加权处理得到当前的市场价格。如果随机贴现因子与股票线性相关，资本资产回报率就可以成为一个线性模型，如 CAPM、APT 等。但如果具有一个效用函数良好的代表性投资者，那么随机贴现因子与加总消费的边际效用相关，早期的资产定价理论采用了"理性人"假说，投资者是理性的，具有相同的预期，能够在市场上完全获取信息，无摩擦地进行交易等假定基础上建立了资本资产定价模型（CAPM）。

$$E(R_i) = R_f + \beta [E(R_m) - R_f] \tag{2.1}$$

$$\beta = \frac{\text{Cov}(R_i, R_m)}{\text{Var}(R_m)} \tag{2.2}$$

其中，R_i 表示资产 i 的收益率，R_m 表示市场组合的收益率，R_f 为无风险利率。

（2）三因子模型。

Fama 和 French（1993）[71] 提出的三因子模型，将账面市值比和市值因子引入三因子模型中，将估计结果作为对比来进行相关解释。

$$R_i - r_f = a_i + b_i(R_m - r_f) + S_i^{SMB} + h_i^{HML} + \varepsilon_i \tag{2.3}$$

其中，$(R_m - r_f)$ 是市场组合中的超额收益；SMB 代表规模不同的股票组合收益的差异，即规模溢价；HML 是投资组合的价值差异，即价值溢价。

二、行为资产定价

投资者主观动机下的资产定价的影响研究主要是通过模型的推导来实现的，投资者的理性是前提假设，随着研究的深入假设条件逐渐被放开，将投资者关注度的约束转化为处理信息能力的约束条件。投资者能通过对所得信息的分析和提取，来提高自身的效用，但是信息的处理利用效率受到投资者处理信息能力的个体差异性影响。假设信息流为 L(U, V)，U 代表信息，V 代表处理信息的行为，W 为投资者处理信息的能力，投资者最终得到的信息流为：

$$L(U,V) = F(U) - F(U|V) \leq W \tag{2.4}$$

其中，$F(U)$ 为 U 的熵，相当于不确定性；$F(U|V)$ 为投资者处理信息 V 条件下的 U 的熵；W 代表投资者的处理信息能力。由前面可看出，投资者基于自身的约束限制，选择信息以确定性或准确性为主。

在考虑投资者的效用函数后，投资者以最大化预期为效用目标，其获取信息流为：

$$U_i = W_i K + \varepsilon_i \tag{2.5}$$

其中，ε_i 为噪声。

在加入投资者异质性分析后，将投资者按理性程度的不同分为几种类型后，预期效用也会不相同。

（一）基于效用函数修正的行为资产定价模型

基于传统资本资产定价模型的改进，此模型定义在一般均衡框架基础上，按行为研究中的财富偏好、习惯形成损失厌恶、嫉妒等将代表性投资者的效用函数进行修正以解决传统模型的局限性。此模型很好地刻画了投资者的真实状态，也能够有效解释金融市场上的各种异象。模型以传统模型为基础，逐步纳入各种行为因素，以便能精确地度量随机贴现因子。并以修正后的投资者效用函数来真实地度量投资者的相对风险规避系数。

在一般均衡框架下，投资者效用最大化，各个市场也达到均衡，投资者的最优决策行为也决定了各个资产的价格。在 Lucus（1978）[72]禀赋经济中，W_t（代表性投资者即时财富），终身总效用为：

$$\max E_t \left[\sum_{j=0}^{\infty} \beta^j u(c_{i+j}, z_{i+j}) \right] \tag{2.6}$$

其中，E_t 是条件期望算子，β 是主观贴现因子，c_t 是消费，$u(c_t, z_t)$ 是修正后的效用函数，z_t 是修正效用函数的变量，可以将习惯、财富、损失等不同的行为纳入模型中。

均衡定价方程为：

$$1 = E_t(M_{t+1}, R_{t+1}^\%) \tag{2.7}$$

其中，$R_{t+1}^{\%}$ 表示各个资产的收益率，即 $(P_{t+1}+Y_{t+1}^{\%})/Y_t$、$R_{bt}$ 和 $R_{i,t+1}$，$M_{t+1}(\sigma)$ 为随机贴现因子，随机贴现因子根据模型条件而不同，参数向量 $\sigma=(\sigma_1,\cdots,\sigma_k)$。

（二）基于投资者异质性的行为资产定价模型

Shefrin（2008）[73]曾认为投资者受制于启发式和代表性偏差，导致信念、时间偏好和风险态度有很大的差异，在一般均衡框架下能够得到情绪随机贴现因子，进而得到行为资产定价模型，按行为 β 和市场 β′ 对个体资产风险进行分解。

投资者的期望效用函数为：

$$E(u_j)=\sum_{t,x_t}P_j(x_t)\delta^t\ln[c_j(x_t)] \tag{2.8}$$

其中，δ 为折现因子，且 δ<1，t 表示时间，$c_j(x_t)$ 表示第 j 个投资者在事件 x_t 出现后的消费量，事件 x_t 为时间 t 消费上升和下降的序列，以二项式表示。

投资者的财富约束为：

$$\sum_{t,x_t}v(x_t)w_j(x_t)\leqslant w_j \tag{2.9}$$

其中，w_j 为第 j 个投资者的初始财富，$v(x_t)$ 是时间 t 上出现 x_t 事件时的状态价格，$w_j(x_t)$ 为第 j 个投资者持有的初始数量，式（2.8）和式（2.9）可推导出资产的状态价格：

$$v(x_t)=\frac{\delta^t P_R(x_t)}{g(x_t)} \tag{2.10}$$

投资总体的主观概率为：

$$P_R(x_t)=w_1P_1(x_t)+w_2P_2(x_t) \tag{2.11}$$

总消费增长率为：

$$g(x_t)=w(x_t)/w(x_0) \tag{2.12}$$

行为随机贴现因子可分为两个部分：基本成分和情绪成分。

$$E_t(M_{t+1}r_{t+1}(A))=1 \tag{2.13}$$

证券价格为:

$$E_t(M_{t+1}1) = E_t(M_{t+1}) = 1/i_1 \tag{2.14}$$

均衡状态价格向量为:

$$v(x_t) = \delta_{R,t}^t P_R(x_t) g(x_t)^{-\gamma R(x_t)} \tag{2.15}$$

(三) 递归效用函数

在经济学的效用函数中,将效用以时间和状态表示,一般是将时间加和状态可分,这种双重可加性也就是重复期望法则,会导致投资效用达不到最大化,并将主观贴现因子视为1,但实际上投资者对于远期仍有消费意愿,主观贴现因子大于1才是符合现实情况的情形。所以递归效用函数才是符合现实逻辑的效用函数。

$$U_t = \left\{(1-\beta_1)C_t^{1-\rho} + \beta_1(E_t U_{t+1}^{\frac{1-\rho}{1-\gamma}})\right\}^{\frac{1-\gamma}{1-\rho}} \tag{2.16}$$

其中,$\gamma > 0$ 为风险规避系数,$\frac{1}{\rho} > 0$ 为跨期替代弹性,也可得到如下形式:

$$U_t^{\frac{1-\rho}{1-\gamma}} = (1-\beta_1)C_t^{1-\rho} + \beta(E_t U_{t+1}^{\frac{1-\rho}{1-\gamma}}) \tag{2.17}$$

令 $G_t = U_t^{\frac{1-\rho}{1-\gamma}}$,代入式(2.17)进行迭代运算可得:

$$G_t = (1-\beta_1)C_t^{1-\rho} + \beta_1[E_t \cdot G_{t+1}]$$
$$= (1-\beta_1)C_t^{1-\rho} + \beta_1\{E_t[(1-\beta)C_{t+1}^{1-\rho} + \beta(E_t \cdot G_{t+2})]\}$$
$$= (1-\beta_1)C_t^{1-\rho} + \beta_1(1-\beta)(E_t C_{t+1}^{1-\rho} + \beta^2 E_t \cdot G_{t+2})$$
$$= \cdots$$
$$= (1-\beta_1)E_t\left(\sum_{k=0}^{\infty}\beta^k C_{t+1}^{1-\rho}\right) + \lim_{j\to\infty}\beta_1^j E_t G_{t+1}$$

即

$$U_t = \left\{\left[(1-\beta_1)E_t\left(\sum_{k=0}^{\infty}\beta^k C_{t+1}^{1-\rho}\right) + \lim_{j\to\infty}\beta_1^j E_t U_{t+1}^{\frac{1-\rho}{1-\gamma}}\right]^{\frac{1-\gamma}{1-\rho}}\right\} \tag{2.18}$$

其中,(2.18)式中的 $\lim_{j\to\infty}\beta_1^j E_t U_{t+1}^{\frac{1-\rho}{1-\gamma}}$ 代表无穷远期个体的期望效用贴现的极限值,此值可假定为0,则投资者的跨期最优决策为:

$$M(t) = \max E_0 \sum_{t=0}^{\infty} \beta_1^t \left[(1-\beta) E_t \sum_{j=0}^{\infty} \beta_1^j C_{t+1}^{1-\rho} \right]^{\frac{1}{1-\rho}} \qquad (2.19)$$

(四) HS 模型

1999 年，Hong 和 Stein 提出了 HS 模型，假定市场由两种有限理性投资者构成，分别是信息挖掘者和惯性交易者，HS 模型的分析分为两部分，只有信息挖掘者时价格对信息的反应缓慢，存在反应不足的现象，但是不存在反应过度的现象，t 时期的价格 P_t 为：

$$P_t = D_t + \frac{[(z-1)\varepsilon_{t+1} + (z-2)\varepsilon_{t+2} + \cdots + \varepsilon_{t+z-1}]}{z} - \theta Q \qquad (2.20)$$

其中，D_t 为 t 时期的股利，z 代表信息的传播速度，θ 是信息挖掘者的风险规避和 ε 的方差的函数，Q 为资产的供给。加入惯性交易者后，价格 P_t 可表示为：

$$P_t = D_t + \frac{[(z-1)\varepsilon_{t+1} + (z-2)\varepsilon_{t+2} + \cdots + \varepsilon_{t+z-1}]}{z} - Q + jA + \sum_{i=1}^{j} \emptyset \Delta P_{t-i}$$
$$(2.21)$$

其中，A 为常数，Ø 为弹性参数，j 代表动量投资者的次序，$jA + \sum_{i=1}^{j} \emptyset \Delta P_{t-i}$ 代表消息观望者也就是后入投资者所能吸收的供给量，Ø 是惯性交易者的最优化形式。

可见，HS 模型的有限理性假设是有广泛的、可信性的，与现实情况相吻合。较早的信息交易者会给后期进入股票市场的投资者带来负面的影响。

三、基于情绪因素的资产定价理论扩展

投资者情绪和异质信念是非理性行为的研究热点，投资者情绪和异质信念在资本市场上的作用不容忽视，特别是两者的影响作用将会导致资产价格发生偏离，所以对于两者及资产定价的研究具有重要的意义。将行为金融学的相关理论作为理论基础，并在此基础上将异质信念和投资者情绪

的研究发展进行了梳理和总结，并对行为资产定价理论的发展情况进行了梳理，从基于有效市场和"理性人"假设的资本资产定价理论开始，到资本资产定价的发展逐渐发生了转变，模型放开了部分假设进而贴近现实情况，运用行为金融学的理论将投资者的各种非理性偏差引入模型，可以解释大量传统资本资产定价模型所不能解释的金融市场异象，进而丰富了资产定价理论的研究范式。目前的研究还是缺少一个严格统一的理论框架，限制了研究的进一步深入。

在资本资产定价模型中考虑异质信念和投资者情绪的作用，学者们通过论证发现能够解释金融市场上的动量效应、反转效应、资产价格泡沫的生成以及对股市上股票价格的偏离影响。对资产定价模型的发展进行梳理和归纳，与传统的资本资产定价模型不同，行为资产定价模型将投资者效用函数进行了修正，采用了效用递归函数的推导并加入了情绪因子。另外，随机贴现因子也加入了情绪因子和事件因子，所以在投资者的异质信念下的不理性行为也能够精确刻画和演绎。

在资产定价理论中，资产价格是未来现金流的贴现，现金流受外部因素和内部因素的共同影响，也受到投资者预期的影响，这些因素中有的具备可观测的性质，有的不具备可观测性，如主观动机因素等。因此应将不可观测要素纳入资产定价的影响因素中，同时将不可观测变量转为可观测变量。

以系统论为基础，将整个市场的动态变化和行为决策交互过程构建成开放性系统，以动力学的原理来进行解析刻画市场演变的动态行为过程。将市场价格、贴现率、异质信念、投资者情绪以及投资者类型构建随机动力系统，得出资产价格的演化过程。构建开放性股市系统。

投资者满足：$N = n_q(t) + n_y(t) + n_n(t)$。其中，$n_q(t)$ 为理性投资者，$n_y(t)$ 为有限理性投资者，$n_n(t)$ 为非理性投资者，均为时间的连续函数，表示投资者数量的随机变化。

各类投资者受其自身禀赋、理性程度和投资预期的限制，做出不同的投资决策，在市场交易中由于价格惯性和投资者之间的交互影响，投资者也容易发生理性程度的转移，或者变为更不理性，或者较为理性，那么，投资者类型的转移概率可受两个因素的驱动：信念 B_t 和情绪 S_t。

$$M_t = aB_t + b\frac{dS_t}{dt} \tag{2.22}$$

其中，B 为投资者的异质信念，S 为投资者情绪，$\frac{dS_t}{dt}$ 为投资者情绪的变化趋势，参数 a 为投资者对市场预期和效用约束下所赋予的比重，也可以是参考其他类型投资者行为的跟随程度，参数 b 为投资者受市场信息和收益的影响程度，a、b 均为投资者的内部影响因素参数，且 a>0、b>0。

投资者理性程度的转移概率为：

$$u_{+-} = \frac{1}{2}(1-k)[m - \tanh(M_t)]$$

$$u_{-+} = \frac{1}{2}(1-k)[m + \tanh(M_t)] \tag{2.23}$$

其中：

$$\tanh(M_t) = \frac{e^m - e^{-m}}{e^m + e^{-m}} \tag{2.24}$$

u_{-+} 代表有限理性投资者向非理性投资者和理性投资者转移的概率，$\frac{1}{2}(1-k)$ 为投资者对现有信息结合自身特征所进行重新评估的速率，也就是转移速率，$\tanh(M_t)$ 为引进前人的成果进行的设计，$\tanh(M_t)$ 是 S 型函数，在研究中常用来描述系统要素的变动函数，并且能将（-∞，+∞）的无限区间，转换为（0,1）有限区间，为方便后续的研究，因此在市场中投资者理性程度的转移概率中，利用 tan 函数的性质可知，当 M>0 时，$\tanh(M_t)$>0，市场环境稳定，正面信息多，投资者理性程度转变概率变小；当 M<0 时，$\tanh(M_t)$<0，市场环境不稳定，信息负面多，投资者理性程度转变概率变大，可见，当市场预期与投资者情绪一致时，投资者的理性程度发生转移的概率越小。由式（2.25）也知，当投资者情

绪为 0 时，投资者的信念是一致的，然而实际中，由于信息的传播和政策的实施加上投资者个体的生理差异，S_t 是不可能为 0 的。

$$\Delta S_t = \frac{(\Delta n_n - \Delta n_q) + n_n r \Delta B}{n} \tag{2.25}$$

其中：

$$\begin{aligned}\Delta n_n &= n_n u_{+-} - n_n u_{-+} \\ \Delta n_q &= n_q u_{+-} - n_q u_{-+}\end{aligned} \tag{2.26}$$

结合以上可推出：

$$\begin{aligned}\Delta S_t &= \frac{(n_n u_{+-} - n_n u_{-+} - n_q u_{+-} - n_q u_{-+}) + n_n r \Delta B}{n} \\ &= \frac{(n_n u_{+-} - n_n u_{-+} - n_q u_{+-} - n_q u_{-+})}{n} + \frac{n_n}{n} \cdot r \cdot \frac{dB}{dt}\end{aligned} \tag{2.27}$$

因此，投资者情绪受异质信念与投资者理性程度转变概率的共同影响，也就是说投资者理性程度的变化会导致异质信念的转变进而影响到投资者情绪，从而形成一个链式传递影响。因此可得：

$$\begin{cases} P_{t+1} = p_t + \delta \arctan(\gamma S_{t+1}) \\ S_{t+1} = S_t + (1 - S_t) u_{+-} - (1 + S_t) u_{-+} - r \cdot \frac{dB}{dt} \end{cases} \tag{2.28}$$

由式（2.28）可知，资产价格在宏观因素导致的内生性因素异质信念和投资者情绪下产生变化，异质信念与投资者情绪的相互影响以及所影响的投资者结构变动能反映到资产价格的变化中来，进而影响到资产定价，因此提出假设：异质信念与投资者情绪的交互作用是影响资产定价的重要因素。

第二节 投资者主观动机内涵

投资者的主观动机由投资者所接受到的信息和自身的禀赋差异所决定，

一般可分为投资者信念（或异质信念）与投资者情绪。投资者处于股票交易市场中，由于自身禀赋差异、投资心态差别以及处理信息的天然区别导致投资者的理性程度存在差异，但是理性的程度很难进行定量和界定，因此依据经验来进行相关分析。异质信念影响下的投资者产生的投资者情绪也不尽相同，往往与所处的状态和接收的信息有关。有的投资者处于情绪波动剧烈的区域，此时投资者情绪容易高涨或悲观低落；有的投资者处于理性状态，投资者情绪波动较小，投资者对于市场的表现也相对理性，能够抑制非理性价格的波动，价格的波动也会进一步促进投资者情绪的波动进而导致投资决策发生转变。因而投资者不论作为个体还是机构是具有一定的局限性的，市场上理性投资者、非理性投资者和有限理性投资者应该是并存发展的。

一、异质信念内涵、外延及度量

异质信念，也就是投资者的意见分歧，是投资者基于对未来收益的预期的分歧，往往受到市场环境、经济政策与交易制度的影响，具有长期稳定性。情绪的产生是与某个外部冲击或刺激相关，也是对于某种情景做出的应激反应，研究者发现人类可在一定程度上控制自己的反应程度。但是当时间紧迫时，情绪将会促使人们做出决策。异质信念是指投资者出于个体异质性差异对于接收到的信息不同或者吸取角度不同而形成对同一资产的判断出现了分歧，同时也特指异质性个体，在行为资产定价模型中常作为假设条件之一。Miller（1977）[40]基于异质信念的研究认为异质信念和卖空限制是形成资产泡沫的主因，由于卖空的限制，投资者的悲观情绪不能通过卖出行为释放，造成股票价格被赋予更高的价格预期，乐观投资者与悲观投资者之间的信念差异越大，股价的偏离程度越严重。Hong 和 Stein（2003）[45]认为异质信念是解释股票价格和成交量行为的原因，股价因为包含大量的乐观投资者的信念而有很大的上涨预期，由于卖空限制更多的悲观投资者的信念不能反映到价格中,进而导致一旦投资者被悲观情绪传染产生悲观预期,会直接造成市场崩溃。Barberis 等（1998）[74]认为市场中普遍存在动量效应和反转效应；Harris 和 Raviv（1993）[75]认为异质信念可以解释市场上投机交易行为和原因；Daniel 等（1998）[76]认为投资者对于个人信息反应过度和对于市场信息反应不足使股票收效只具有短期的正相关性,而具有负的长期相关性,是因为存在过度自信和心理偏差；He 和 Li（2015）[77]提出,在投资者的异质信念程度越高的情况下,投资者会基于市场信息下对股价的短期反应不足和长期的反应过度的现象越加明显。

异质信念属于抽象的概念,具有不可观测性,不能够直接度量,一般均采取构建评价指标或者是代理变量的方法来进行间接的测量。经过学术界几十年的研究推动后,异质信念的研究产生了强大的动力,目前学术界也基本把异质信念作为资产定价模型的假设前提并提供了新的研究思路。将市场的实际数据进行分析和提取用以研究对资产价格的影响研究,其中应用最广泛的是换手率,Garfinkel（2009）[78]曾利用意外换手率和异常交易量来刻画投资者的意见分歧度,结果表明该指标的实证结果是最佳的。另外,股票收益波动率和买卖价差也都被用来度量投资者的异质信念,如 Gao 等（2006）[79]和 Handa 等（2003）[80]曾用收益波动率的买卖差价数据来度量异质信念；曾长兴（2012）[81]也利用换手率作为异质信念的代理指标度量同时剔除了市场因素和流动性因素及行业性因素等其他因素的影响；朱宏泉（2016）[82]应用额外换手率为代表异质信念。但是这些测度方式都存在一些问题,股票收益波动率是在收益率的基础上进行计算的,内生性则不可避免,买卖价差则是供需关系的反应,但并没有完全包含全部投资者的异质信念,都只是部分地反映了异质信念的信息,或者说是已成交的信息,而未成交的潜在信息并没有捕捉进去。因此还需要更新的理论方法构造全面的异质信念的度量体系,Handa 等（2003）[80]认为应采用完整的订单数据来考量投资者的异质信念,即采用投资者完整的定价数据来反映投资者的信念过程。另外,分析师预测分歧也是另一种常见的方法,Ajinkya

等（1991）[83]以分析师的预测分歧来测量异质信念，Verardo（2009）[84]通过实证发现分析师分歧具有较高的预测精度，特别是在异质信念程度较高的情况下预测较为准确。目前仍有很多学者采取这种方法来测度异质信念，如 Carlin 等（2014）[85]和许年行（2012）[85]等应用预测师分歧来刻画异质信念。

二、投资者情绪内涵、外延及度量

在外国文献中讨论投资者情绪时多以"bubble"泡沫一词与之相关联，由此可知投资者情绪对于股票市场收益是具有推动性的，同时意味着情绪也代表着错误影响，个人投资者的错误会通过群体传染和过度自信等形成市场情绪，目前关于投资者情绪还没有被所有学者认可的统一定义，而当前投资者情绪的定义也各有所长，均是基于心理和行为的方面做出的定义，Lee，Shleifer 和 Thaler（1990）[87]认为投资者基于自身价值观所判断而产生的对金融产品价格的预期，其中预期与实际情况所产生的偏差被视为投资者情绪。Stein（1996）[88]认为投资者情绪是存在系统性偏差的预期看法；Wurgler（2012）[89]也将投资者情绪定义为投资者对投资收益和风险的心理偏差；贺刚（2017）[90]等认为投资者情绪是由投资者感知信息所形成的对未来具有偏差的一种预期。我国资本市场存在高度的信息不对称现象，个体投资者居多，存在较多的散户和游资，互联网使各种噪声信息充斥着市场，投资者根据情绪来进行非理性投资行为占据着市场，再加上我国资本市场上散户投资行为活跃且人数众多，常常出现传统理论所不能解释的市场异象，投资者情绪是投资者基于自身禀赋等条件对资本市场金融产品价格的趋势预期与实际情况的心理与行为偏差，主要是考虑投资者对于资本市场的预期分析和实际运作状况的偏差。

投资者情绪是投资者在交易过程中受到信息冲击后结合自身特性所做出的即时反映，具有即时性的特点。投资者情绪可依据主体分为机构投资者情绪和个人投资者情绪；依据期限可分为长期投资情绪和短期投资者情绪；依据其特点可分为悲观投资者情绪和乐观投资者情绪。

投资者情绪是基于心理和行为的外延，具有不可观测的性质，目前学术界均采用间接度量方法来测度，构建测度指标或者是代理变量的方式来进行间接测度。目前较常用的方法是通过主成分或偏最小二乘等方法构建评价指标，或者采用问卷调查、媒体信息上的文本提取等方法来获取投资者情绪。易志高和茅宁（2009）[91]改进了 Baker（2006）[50]的主成分方法，构建适合我国市场的评价指标，王镇和郝刚（2014）[92]运用了偏最小二乘法来构建投资者情绪综合指标。Huang 等（2015）[93]选用了封闭基金折价率、换手率、IPO 首日回报率、IPO 数量、分红指标和新股发行占比等代理指标，运用偏最小二乘的方法构建了投资者情绪测量指标。近几年有一些学者利用表现情绪的语气词等文本数据的主观指标进行了情绪的提取，如 Jiang 等（2016）[94]、Azar 和 Lo（2016）[95]、杨晓兰等（2016）[96]等，均采用爬取文本大数据的方式来获取数据。

第三节　投资者行为的非理性行为基础

一、投资者的非理性行为基础

非理性情绪是将资本市场上投资者在交易策略制定和投资交易行为中涉及的一些人性所固有的特征如认知偏差、风险偏好、心理状态等都予以考虑。在股票市场的实际情况中出现的典型行为现象：如股票溢价之谜和"羊群"效应等众多市场非正常现象，在传统理论中并不能做出合理的解释，所以有些研究者开始对市场的有效性、"理性人"、同质性等提出质疑。席勒曾于 2003 年在《非理性繁荣》[23]中对市场的有效性做出了否定的论断。实际上，市场上存在很多事实即投资者在进行投资活动中常常会有策略分析的失误，或是过度自信认为自己掌握了别人所不知道的信息，或是将已下跌的股票搁置，或是投资者依据自身掌握的"信息优势"进行交易，等等，导致市场中的套利也无法抵消非理性投资者对于股票定价的影响，因此市场的波动常常难以预测，没有按传统金融学的理论套路来运行。基于此，行为学理论有了快速的发展，出现了一些新的观点和论述。传统理论认为市场可套利和投资者理性，在实际股票市场中，众多客观和主观的因素约束影响了投资者的理性套利投资行为。许多关于行为资产定价理论的文章表明，理性投资者、有限理性和非理性投资者通过信息反馈进行交易抉择，最终导致股票价格与基础价值产生背离。

投资者行为科学是建立在心理学、社会学及行为经济学的交叉学科，越来越多的学者研究发现，投资者是相对理性即有限理性的，股票市场也是非有效的。随着研究的逐渐深入，行为学铸就了两大理论基石，即套利行为的有效性和投资者的心态。因为实际资本市场上证券存在一些设计上的缺陷，并不存在理论上假设的完美替代品，所以套利行为会面临投资者的局限性和基本面风险，处于误定价状态下的资产价格常常不能及时地回到基本价值。这样可以看出信息的反映并不能很充分地作用到价格上，同时也表现为现行价格隐含反映出无时效信息。基于此原因，市场非有效性下套利存在有限性。对于投资者心态的研究，主要是基于投资者信念和情绪的形成过程，以及对于证券的预期评估和交易决策行为，投资者可以对资产的价格以及收益变化做出比较明确的预测。

我们所谓的套利交易是可以为交易者提供无成本的、无风险收益的一种可选择的交易策略。一般是指在资本市场中，交易者通过价格的差异，同时买入和卖出相同的或者本质类似的证券的行为。也就是说，套利交易者同时进行以较高的价格卖出相同或本质类似的证券，又以较低的价格买入证券的操作，这样套利交易者就可以得到即时收益，而且其未来的现金流净值为0；套利者无需资金投入且不承担任何风险。所以在传统的有效市场理论中，理性投资者发现有价格变化预期时就可进行套利操作，也正是基于此，套利行为使证券的价格与价值趋于一致，保证了市场的有效性。然而，在现实市场中我们发现证券价格是与其价值发生偏离的，这种偏离的产生是由于非理性交易者的存在，他们的噪声交易行为导致资产的错误定价。传统理论认为只要有资产的错误定价存在，理性投资者就会抓住这个机会进行套利交易从而对错误定价进行修正，但现实中对错误资产进行修正的套利行为是需要承担风险和付出成本的，这种套利行为导致错误定价会长期存在，并不具备很大的吸引力，并且没有使误定价得到及时的修正。所以我们是可以在市场中很容易发现资产价格与价值长期相背离的情况。

在市场中噪声交易者是基于噪声进行交易的，他们利用错误的噪声进行交易，虽然不进行交易能获得更多收益，但是由于自主交易意愿，他们将噪声当作信息进行交易，这样就会使基于信息的交易者获利。噪声交易使资本市场的流动性增强，噪声交易与信息交易的价差和量差并不能相互抵消，所以资产价格也会由于噪声的存在而与其原始价值产生偏离，且投资者对资产价值的预期判断也含有噪声，这样使资产价格也变得无效，套利交易的风险与成本无形中被放大。

二、投资者行为的心理基础

学者通过研究发现，在现实的资本市场上投资者并没有假设中那么理性，特别是在决策和判断的形成中，投资者并不能执行严格意义上的优化行为，而且很难收集到完全信息，做到完全理性和实现完全利己性，众所周知，投资者是会经常犯错的，但是在心理学研究的基础上，我们通过研究可知这个错误是可以进行预测的，也是可以进行分析的。所以我们之前在有效市场理论中的"理性人"假设，是不完全成立的，从认知的偏差和偏好上的偏差层面分析来看，可做出如下总结。

（一）认知上的偏差

在认知上的偏差我们可以归为以下八种类型：

(1) 过度乐观与自信。投资者在投资中往往高估自己的能力、直觉以及认知能力，认为自己高于平均水平，比别人更聪明，更握有精确的信息，并且对整体的经济水平、资本市场前景以及自己的投资策略都有过高的估计，认为自己能够控制事件的发展，能够成功，不会有投资失败的结果发生在自己身上。这种乐观主义的偏差导致投资者会低估投资风险，在收集信息时自动过滤掉一些不利的信息，对于利好的信息或者前景看好的信息给予更多的关注，赋予更多的权重，进而错估投资对象的真实水平，最终造成投资失败，承担很大的损失。事实上曾有学者做过实证，当投资者认为自己所作出的选择是100%正确时，实际上真正正确的概率只有70%多。在这种心态下，投资者往往会很容易受一些错误信息的影响，进而会造成过度交易，投资者因此而承担更多的风险，盲目信任自己的投资导向正确，其所选定的资产组合也起不到分散风险的作用。

(2) 证实偏差。一般来说，大部分学者是认同证实偏差的，一种选择性偏差就是投资者支持某一观点或信念时进行的主观选择。也就是说，投资者主观上更愿意寻找或者高估支持这个观点或信念的证据，而选择忽视或者是低估不支持这个观点或信念的证据。出于这样一种心态，投资者更愿意寻求证据来支持自己的投资决策，而放弃或者是忽视该投资行为的风险因素，同时这也会导致投资者过度承担风险。经济学家 Meir Statman 曾通过对 1872~1999 年的股票市场数据的考察中得出，投资者如果以股息收益率为参考的话，得出短期内股息率高的股票收益率就高，股息低的股票收益率就低，但长期看股息收益率与股票收益率没有显著关系的结论，这也说明了证实偏差是基于投资者的判断并且会不断寻求支持该判断的证据，一直到找不到证实或支持的证据为止。

(3) 保守主义偏差。与保守主义意义相同，投资者观念趋于保守。投资者如果确定持有某种观点或预测后就会坚持下去，不会轻易做出改变，而且也较难接受新的信息，即便是因外在因素有一些改变，观点或信念的调整过程也是很缓慢。出于保守主义心理，投资者会对与所持观念相异的信息进行隔离而不会轻易变更自己的观念,这样会导致投资者对于新的信息反应不足,同时也会造成对风险的识别不足;并且投资者对于新信息接收的进程是非常缓慢的,也是因为投资者对于新信息的处理和吸收能力有限,致使投资者摒弃新信息,而保持原有的信念不变。这样容易使投资者不能及时更新决策从而遭受不必要的损失。对于资本市场,分析预测师的保守主义偏差往往会对股票造成错误定价,产生价格与价值严重偏离的现象。

(4)锚定效应。基于轮船的"锚"而进行的形象的定义。也就是说,投资者最初所获得的信息常常会制约其对于整个事件所做出的估计。投资者在做出估计的过程中往往依据的是最初得到的信息,而不是最新的消息,所以分析结果会与实际值有一定偏离。在实际的资本市场中,投资者缺乏确定的信息会在预测股票未来的走势时以过去的价格为依据从而产生锚定效应。也就是说,过去的价格表现对于投资者产生了根深蒂固的影响,即便有新的信息,投资者仍然会坚持其原有的估计结果。在现实的股票市场中很容易出现此类现象,投资者在对选定一只过去收益高的股票进行投资时,往往就很笃定其未来仍然具备较高的收益,即使该只股票出现了一些负面的消息,投资者仍然对自己的决策深信不疑,不会轻易做出改变。

(5)代表性偏差。经济学中有一个小数定律,也就是说人们对于样本的规模不做限制,认为小样本就可以充分地代表整体。在投资者心态中,学者们发现投资者在进行判断时常常很主观地认为一个事物与另一个事物的关联和相似,或者是一件事物与整体事物的关联和相似,从而将其归为一类,但是并没有客观地进行论证与分析。在金融市场上,这种心态往往会误导投资者,容易犯以偏概全的错误,往往会以几期的价格表现来估计整体的趋势,特别是会造成悲观心理更悲观、乐观心理更乐观,从而使资产价格被压低或推高,进而使资本价格与价值严重偏离,很长时间得不到纠正,使收益与风险不对等,造成市场秩序混乱,交易风险加大。

(6)易得性偏差。我们在对某些事情进行评价时会根据其容易程度来评估这类事件的发生概率，这个容易程度就是易得性，有易得性偏差特征的投资者会以发生该事件概率容易程度来进行判断和决策，也就是说，易得性越高，越能激励投资者做决策。其实就是投资者往往会根据获得信息的难易程度来主观地判断事件发生的概率，并不会重视客观地对其进行科学理性的分析。在资本市场上，由于确定消息的易得性较低，也就是投资者获得信息的渠道有限，易得的信息更不能加以甄别，同时也由于投资者的自然禀赋差别，受到其自身的生存环境、受教育程度、性格因素等的影响，对于信息的接收与利用存在千差万别，所以对于资本价格也会产生一定的误定价的作用，使价格受到易得性偏差的作用，而产生非正常的波动，进而使投资者自身处于非理性的投资风险中，投资失误遭受不必要的损失。

（7）模糊厌恶。由于人的本性是对于未知的事物存在天生的恐惧心理，因而投资者在对于熟悉和非熟悉的事情做选择时，出于本能会倾向于选择熟悉的事情，而规避不熟悉的部分，投资者在面对选择时也会选择回避不确定的情形。也就是说，投资者会对于不了解的部分不进行关注更不会进行投资来承担未知的风险。美国的学者研究发现了一个有趣的现象，投资者往往会投资于本国的或者地区的股票，而回避外国的优质股票，没有选择分散性投资，投资者更倾向于投资自己熟悉的本国股票，而放弃自己不熟悉的外部区域的股票，这是出于一种本能的风险规避心理。但实际上也是投资者出于对自己所熟悉的股票过于乐观，而不去考虑其会遭受损失的可能，所以他们也会承担更多的投资风险，暴露在非理性的资产泡沫下。

（8）后悔厌恶。从心理的角度来说，我们常说损失5元和得到5元的心理程度是不同的，也就是说，损失5元的难受程度要高于得到5元的满足程度。这是出于人的本性，对于损失的厌恶大于得到的满足。当投资者事后面对自己的错误决定而遭受损失时，心理上感受到后悔的痛苦是非常大的，这个后悔程度往往与自己当时的主观责任感正相关。在金融市场上，后悔厌恶的投资者都很保守，害怕后悔损失的痛苦，所以投资决策非常保守，对于表现力不强的市场不进行操作，为了减少后悔厌恶感也会尽量选择与其他投资者相同的投资行为，这样就容易产生群体性的"羊群"行为。另外，投资者基于后悔厌恶的心理会对于亏损的股票选择长期持有，期待价格上涨，扳回一局，也会对于持有的表现不错的股票因惧怕丧失盈利机会而不作出卖出行为，所以这样往往会使投资者作出追涨杀跌的决策行为，进一步加剧了资产价格的波动，容易产生系统性风险。

（二）偏好上的差异

在偏好上的差异中，框架偏差就是心理账户，损失厌恶也代表了对风险的承受程度。

（1）心理账户。投资者在作决策时会受到所看到的事件的描述方式的影响。其实就是人类对于"失与得""悲观与乐观"的天然反应，假如投资者被以乐观的方式来给予投资建议，投资者就会积极跟进，表现出风险偏好。但如果以悲观的方式来给予相关投资建议，投资者可能就不会做出跟进的选择，表现出风险厌恶。投资者因心理账户会对支出和收益产生不同的态度，进而采取不相同的行为。例如，当股票价格下跌时，投资者将卖出的股票亏损数值和没有被卖的股票亏损数值设置成不同的心理账户：一个是账面上的损失值，另一个是真实的损失值，在数值上是相同的，但是在心理上却是不相同的。描述方式不同，心理的感受是不同的。

（2）损失厌恶。对比收益和损失，学者发现投资者对于损失更加敏感，损失更能激起投资者的厌恶心理，相同程度的收益与损失相比，损失带来的痛苦要大于收益所带来的满足。也有经济学者发现损失的负效应是收益的正效应的好几倍之多。在这种损失厌恶下，投资者更加趋于保守，不愿意卖出被套牢的股票而选择长期等待，而实际上随着等待时间的增长，并没有挽回所受的损失，反而会遭受更大的损失，同时失去了投资其他股票的机会成本，造成了更大的损失。

由于投资者心态的存在，预期效用理论面临着挑战。著名学者阿莱的

"阿莱理论"曾通过实验验证对预期效用理论中的确定性提出了质疑，在不确定的情况下，人们的判断和决策与预期效用理论的公式化假设不相符。于是展望理论就有了发展，在某些方面替代了预期效用理论。展望理论将人们在不确定情况下的决策分成了两个阶段，编辑阶段和估值阶段。编辑阶段是通过一系列方法对期望进行组织和重新整理，在得到其简化形式后，决策者再对其进行估值并做出决策。在估值阶段，决策者对上阶段的期望进行估值，从而选出价值更高的期望，通过这种方法就得到了合理的期望值。

对非理性情绪的研究，近年来逐渐转变为放松理性投资者的假设，基于投资者的实际心理与行为表现来建立模型进而揭示这些异象，行为学的发展是基于对传统理论的质疑，也就是对有效市场假说的进一步剖析，投资者做不到完全理性，经常表现为有限理性，即便是非理性投资者的非理性行为也不能被理性投资者的行为所对冲，证券价格最终也会反映出非理性投资者的影响程度，并不能被理性套利者的理性行为所覆盖。有限套利和投资者心理是揭示资产价格偏离假设波动的有效方法。

在股票市场中套利行为并非万能的，并不是所有股票都能找到其替代品，特别是我们国家存在卖空限制，悲观情绪不能够释放，因此非理性投资者的干扰性交易并不能得到对冲，市场上依然存在错误定价。投资者心理是对于证券价格进行投资行为判断和形成投资理念时的心理过程，此过程又与有限套利相依存，基于行为人的信念差异价格预期不同做出的行为反应不同，且无法相互抵消，最终造成市场偏差和行为偏差。股票市场的异象是基于有效市场理论的争议，如果市场有效那么股票价格是可以预测的，但实际上股票市场的价格对于公开信息的反应并不完全有效，但是基于非理性因素的预测则表现为有效，如天气、公共舆论、连播剧的大结局时间等则具有很好预测力，这些非理性指标的解释力，高于理性指标的解释力，说明投资者的行为更易受到非理性情绪的波及，进而影响到股票的价格。

因此，现实中的投资者在预期与风险偏好很难达到理性的程度，理性的标准就是判断某件事情发生的概率，但是基于心理偏差的影响如锚定、代表性偏差、易得性偏差等，投资者的投资行为会有非理性偏差。再加上风险和成本的不可忽略性，非理性的投资行为并不能及时得到对冲与消减，尽管非理性投资者的非理性行为承担了高风险但是能够得到更高的收益。

第四节　系统论视角下的异质信念与投资者情绪机理分析

结合系统论及以上的分析，影响异质信念与投资者情绪变动的因素有很多，既有外部因素的影响也有内部因素的作用。外部因素包括 GDP、经济政策、社会制度、产业政策等，内部要素包括投资者个体差异、学历差异、专业知识差异、心理素质差异等。外部因素通过一系列的交互影响到内部因素，同时异质信念与投资者情绪又存在相互的内部影响，进而影响到资产的定价。由此可见，这一系列的研究并不是单独的研究而是可以看作一个复杂系统的研究。基于系统论的理论，系统是一个有机整体，由相互联系和交互作用的各系统要素构成，并表现出新的功能，可将股市系统视为一个开放性的复杂系统。应用复杂系统的理论来进行股市系统的分析，系统的子系统之间存在网状连结结构，子系统间也存在交互作用。

将研究内容作为一个复杂系统，可以分为 3 个层次。将投资者作为研究切入点，投资者依据其对市场的预期与自身获取的信息作用后的认知程度，可分为理性投资者、有限理性投资者与非理性投资者。系统的外部环境由政府、交易所、中介机构和社会环境等构成，交易规则、政策的制定与监管由政府主导，中介机构提供股票的相关信息。另外，货币系统与其他债券系统均与股市系统具有一定的关联。其复杂性的特征表现在以下几个方面。

第一，是巨型系统。系统分层次且包含子系统，系统要素多。系统按不同划分可分为很多种类型。按行业可划分为很多行业板块；按市值规模可划分为大盘股、小盘股和中盘股；按业绩又可划分为蓝筹股、垃圾股等；按交易市场可划分为 A 股、B 股、H 股等。以上分类存在很多功能和结构上的交叉，造成这个开放性系统的复杂结构。

第二，有层次性结构。按系统的由外至内、由上至下的影响来划分子系统，可以看出系统具备很多层次，且层次交互影响，呈现网状的分布。

第三，有非线性关系。在复杂系统的定义中，非线性、动态性是它的必要条件。从前人的研究成果来看，如果系统是线性关系，那么系统的变化与输入是成比例的，大的变化带来大的结果，小的变化造成小的结果，具有可预测性。但是，股市系统则具有不可预测性的实际表象，输入的变化对于结果的影响具有不可知性，输入的变化具有不可预知性，系统会出现突变和剧变，而输入并没有大的变化，或者输入发生很大的改变，系统却表现平稳。另外，系统的独立要素相互影响，存在正负反馈结果，进而改变其行为轨迹，系统各要素的单独影响之和与整体影响并不相等。

第四，开放性。系统与外界存在信息的流通与反馈，存在交互影响效果。股市系统与外界存在信息关联，上市公司增发、股票回购等行为增加了公司市值，促进了企业发展，增加了政府税收，增加了社会投资，拉动了消费。另外，政府颁布的政策、法律法规与交易规则，中介机构公开的相关交易信息都会对投资者的行为动机和结构产生影响，造成股价的波动。而股价的波动又会对投资者的主观动机与决策行为产生影响，进而给政府部门的监管提供数据支撑，由此演化出一个完整的开放性系统。

第五，动态性。根据复杂系统的界定，系统的要素和结构等会随时间而发生变化，进而推动系统整体也随时间而改变或演进，呈现出从无序到有序、等级逐渐提高的发展态势。从股市设立以来，我国股市的结构发生了显著的变化。从股权结构上来讲，国家持股比例不断下降；市场分级也越来越多，从之前的单一市场到现在的主板市场、科创板、创业板、三板市场等。伍海华和李道叶等（2003）[97]认为我国股市也呈现出了系统动力学特征，存在系统混沌现象。

因此，我国股市可以作为一个开放式复杂系统来研究，通过要素间的交互作用与影响路径，在内因与外因的共同作用下，找到突变点，进行系统性的分析并提出相应对策。

一、系统论视角下异质信念、投资者情绪的生成机制分析

（一）异质信念

投资者作为异质信念与投资者情绪的载体与供体，存在对信息的传递与流通作用。由于受不确定因素的影响，同时与外界进行信息交换与输入时，投资者信念与情绪因各种约束和扰动而作用于投资者行为决策的情况，异质信念即投资者的意见分歧，是投资者基于对未来收益的预期的分歧，往往受到市场环境、经济政策与交易制度的影响，具有长期稳定性。其反映的是投资者对未来预期形势的判断，投资者情绪是对当前市场内外部环境的应激反应，呈现出从理性到有限理性再到非理性的动态多向转变。投资者的理性程度造成了投资者信念存在异质性，De long（1990）[35]在提出DSSW模型时就将噪声交易者考虑进去，之后陆续有其他学者验证了异质信念影响的存在，如Campbell、Boco等。自从Miller（1977）[40]提出关于异质信念对于股价产生影响后，异质信念也更多地被证实了具有对股价变动的影响。投资者信念是基于投资者所受到的信念的主观判断和感知，归因于投资者自身的生理禀赋属性上的差异，体现于投资者行为决策的异质性。在Miller的研究中，他认为投资者理性偏差和接收信息的个体异质性造成了异质信念。Hong和Stein（2007）[98]归纳出渐近信息流动、有限关注、先验信念的差异造成了异质信念的生成。渐近信息流动是指信息的传递时效和内容偏差，有限关注和先验信念的差异则代表了投资者个体的理性差别程度。个体投资者对消化信息的能力具有异质性，在交易市场上投资者通过主观判断来对信息进行识别和甄选后，所做出的投资决策也千差万别，进而对股票价格产生影响，价格信息又反过来影响投资者信念的转变。刘

燕（2018）[65]等也在我国市场上研究发现，个体具有异质信念，且能显著影响市场价格。

（二）投资者情绪

投资者情绪是投资者在交易过程中受到信息冲击后结合自身特性所做出的即时反映，具有即时性的特点。投资者情绪是投资者对于市场预期的看法，也就是投资者心理的反映，更可表现为对信息的敏感度。不少研究表明，情绪更能推动价格的波动。曾有研究表明，投资者情绪对于价格变化的影响程度能够占到变动比例的90%，而且悲观的情绪更能加快这一影响进程，从生活中也有此体会，悲伤的情绪常常会让人印象深刻，记忆时间更长。一般来讲，乐观的情绪会助长资产价格，形成资产价格泡沫，使资产价格与价值严重脱离，容易引发系统性风险。而悲观的情绪会看空加速资产价格的下跌，从过去发生股灾的经验来看，悲观的情绪更容易造成恐慌，蔓延速度更快，容易引发群体行为，造成巨大的损失。

黎超和胡宗义等（2018）[99]研究发现，市场中存在的情绪交易者越多，资产价格的非理性波动越大。也有学者Yang和Li（2013）[100]认为非理性投资者越多表明情绪对资产价格的影响越大。不难看出，投资者情绪的存在对于资产价格波动有助推作用，投资者情绪是投资者所带有的属性，是基于社会人的范畴，是不可忽视的重要因素，投资者情绪的生成也是基于信念传播与识别的正常反馈，尤其是在我国这个常常被称作"政策市"的市场上。投资者跟随信息进行投资，往往处于噪声交易中，不断在市场信息中被冲击。这与我国的现实情况相关，股市发展时间不长，且中小投资者数量较多，投资者的金融素养普遍偏低，在交易中更易跟风自己认为权威的人行动，也容易产生悲观或恐慌的心理，进而影响到资产价格的波动。从历史数据上看，投资者情绪高涨时容易产生出现"追涨杀跌"的现象。总体来看，我国股市的"羊群"效应也是很显著的。郑瑶等（2016）[101]研究指出，投资者情绪的强度与"羊群"效应显著相关，且有不同的作用区间。可见，投资者情绪对于资产价格具有很大的推动性，甚至在某种程度上超过了影响价格波动的其他因素。

二、基于系统论的异质信念与投资者情绪的交互影响机制分析

异质信念与投资者情绪的交互影响来源于两个方面：一个是外部因素，外部环境信息的输入对系统造成干扰，如新政策的出台、货币总量发生调整、股票的供给变化等；另一个是系统内部因素，系统内的层次结构之间的变化，投资者个体的适应性变化，在一定区间内可能不发生影响变化，在另一个影响区间内会出现突变。由于市场上的信息存在不对称现象，投资者出于成本的限制并不能得到所有的信息集，因此在与自身认知及素质差异下，形成不同类型的投资者，投资者在预期和效用的作用下进行交易，产生价格的影响，而价格的变化又会作为初始条件信息进入下一环节中。传导过程如图 2.1 所示。

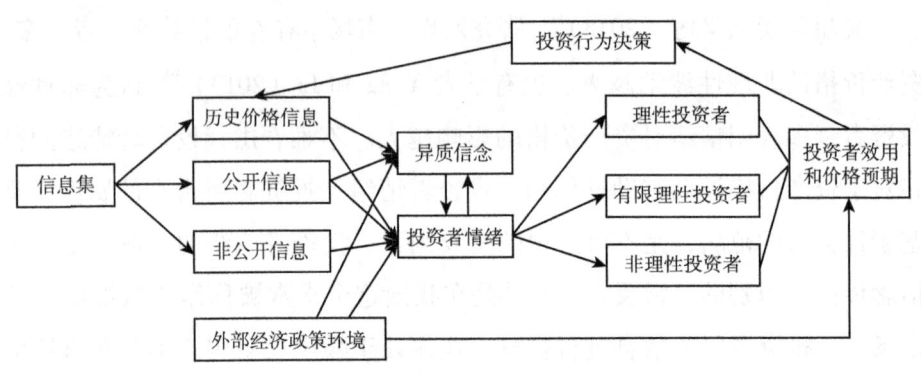

图 2.1 异质信念与投资者情绪生成链条

异质信念与投资者情绪都是表明投资者依据自身禀赋差别所导致的一定程度上的认知偏差或行为偏差，造成对资产价格预期估计的偏离差异。但是投资者情绪更倾向于侧重投资者自身的偏好、心理等多种情绪方面的影响，异质信念更侧重于投资者个体的异质性以及个体预期的异质性程度。

按照传统理论，价格能够反映投资者的情绪变化，但是我国的制度设计上存在卖空限制，导致在投资者情绪极度悲观时投资者情绪不能反映到资产价格上，产生了异质信念的分歧很大，同时当期的资产价格会被推高，而后期的资产价格也会在价值的作用下向下调整，从而导致未来的超额收益被降低，达不到预期的收益。同理，当投资者情绪高涨时，由于更多非理性交易者的涌入，此时资金约束也会增加，卖空限制依然存在，因此异质信念依然导致交易的未来超额收益被降低。Stambaugh（2012）[102]认为由于投资者情绪高涨会吸引更多的噪声交易者进入市场交易，这样会起到助推作用使资产价格波动剧烈，理性投资者难以预期价格趋势。付萱（2015）[63]研究我国股市后认为投资者情绪能够在某种程度上影响异质信念对未来超额回报率之间的关系。因而可将影响异质信念与投资者情绪的因素总结为以下几类：

第一，信息因素。也就是历史交易信息、市场公开信息以及非公开信息，前两者的信息可以查阅到，后者的信息获取需要付出成本，因此存在壁垒，也就是信息不对称，投资者基于自身的因素差异得到的信息不同，对于已获取的信息加工程度也不同，因此产生了不同理性程度的投资者类型。

第二，经济政策宏观因素。政府颁布的政策法规、货币政策以及国家政策GDP增长情况等会使投资者基于一定的预期进入市场进行投资。

不同理性程度的投资者对于信息的处理程度不同，进而会生成不同的投资预期，也就是异质信念。而异质信念又会反作用于投资者情绪，不同理性程度的投资者对于情绪的处置也存在差异，理性程度决定投资者的投资决策行为产生偏差程度，最终形成一个动态的交互影响传递链。投资者的理性程度也在这个过程中进行相应的调整，投资者的理性结构发生变化，并且不断有新投资者进入市场重复之前的交互影响过程，市场波动变化具有动态的开放性系统特征。因此，投资者在市场的不同行情阶段进入后，又被当时行情所影响而生成不同的投资者情绪，之后所做的投资决策又对市场行情起到一定反作用，可以看出异质信念与投资者情绪的交互作用具有非线性的不可测性，因此采用系统工程的方法对不可测的变量进行间接度量。

三、股市系统的开放性系统动力学分析

系统动力学的核心思想是整个系统的行为模式和特性与其内部的动态结构和反馈机制相关联，现实世界中很多体系，如社会、经济、管理、生态等都可看作一个系统，将相互作用的各部分有机地结合到一起，为同一目的而完成既定功能的集合体。系统动力学可以作为一个视角，当系统受到随机因素的干扰时，需要建立复杂的动力系统来进行研究，特别是其处于随机环境和随机输入时，随机动力系统应运而生，随机动力系统能够解决确定动力系统所不能反映的一些复杂情况，并以动态的角度对动力系统中受到的噪声干扰以及不规则动力，如布朗运动等进行精确的描述，也能揭示出体系内的运作机制及系统性的问题。股票市场系统的演化是受到很多因素的共同作用影响的，这些因素间的交互作用关系是复杂的，并且是非线性的，因此单一的研究方法并不能真实反映要素间的互动关系以及运行机制，而系统动力学则可以解决这个问题，能够做出合理的因素间作用解释。

随机动力系统中的布朗运动相当于资本市场中的价格，属于随机过程。根据定义布朗运动一般满足如下条件：

布朗运动可定义为在概率空间（Ω，F，P）上，随机过程为 β_t，其中 β_t 应满足 $\beta_0 = 0\alpha.s$；样本函数 $t \to \beta_t(\omega)$ 连续；β_t 具有独立增量，对于任何 n 以及 $0 < t_1 < t_2 < t_1 \cdots < t_n$ 都有 $\beta_{t2} - \beta_{t1}$，$\beta_{t4} - \beta_{t3}$，$\cdots$，$\beta_{tn} - \beta_{tn-1}$ 相互独立；β_t 是高斯平稳增量，$\beta_t(\omega)$ 服从均值为 0，且方差为 $t-s$ 的正态分布，此时可称其为布朗运动。

因为布朗运动的特殊性，布朗运动样本函数不可微，所以为了定义其

积分便借助了 Itô 随机积分的性质，对布朗运动进行随机积分。如果定义一个随机四元组 (Ω, F, F_t, P)，F_t 为 t 时刻布朗运动生成的 σ 代数，那么被积随机函数：

$$f:[0, +\infty) \times \Omega \to R^1 \tag{2.29}$$

$$(t, \omega) \to f(t, \omega) \tag{2.30}$$

需要满足 $f(t, \cdot)$ 是 F_t 可测的和 $\int_0^T f^2(t, \omega) dt < \infty$（f 可积）。

那么 $DX_t = b(X_t)dt + \sigma(X_t)dB_t$ 则为 Itô 随机微分方程，依据相关公式和性质，标量光滑函数的微分可表示为：

$$dg(t, X_t) = \left[\frac{\partial g}{\partial t}(t, X_t) + b(X_t)\frac{\partial g}{\partial x}(t, X_t) + \frac{1}{2}\sigma^2(X_t)\frac{\partial^2 g}{\partial x^2}(t, X_t)\right]dt$$

$$+ \frac{\partial g}{\partial x}(t, X_t)\sigma(X_t)dB_t \tag{2.31}$$

概率密度函数可视为概率空间 (Ω, F, P) 上的曲面，对于固定的时间而达到的最大的 X_t 就是此时刻的位置。

马尔科夫过程：在实际中，各类投资者的市场收益率是一个马尔科夫过程，并不是固定的常数，因此应将马尔科夫过程引入。

马尔科夫的状态满足：

$$P(D_{t+1} | D_t) = P(D_{t+1} | D_1, \cdots\cdots, D_t) \tag{2.32}$$

公式表明给定当前状态 D_t，将来的状态与 t 时刻之前的状态没有关系。D_t 状态能够体现历史状态的相关信息，但是一旦当前状态 D_t 已知，历史信息则可以忽略。马尔科夫性可以用状态转移概率来描述：

$$P_{dd'} = P(D_{t+1} = d' | D_t = d) \tag{2.33}$$

状态转移矩阵为：

$$p = \text{from} \begin{pmatrix} p_{11} & \cdots & p_{1n} \\ \vdots & \ddots & \vdots \\ p_{n1} & \cdots & p_{nn} \end{pmatrix} \tag{2.34}$$

其中每行和为 1。

马尔科夫过程是一个无记忆的随机过程,由具有马尔科夫性质的随机状态序列所构成,可以用一个元组 < D,P > 表示,其中 S 为有限数量的状态集,P 为状态转移概率矩阵。

基于以上分析,以投资者的理性程度为特征构建随机动力系统,根据系统要素的异质性,在外因和内因的共同影响下模拟投资者在市场中的演化过程,从影响要素的突变到系统的演化均衡来进行相关的分析。以系统论为理论基础,将股市系统以开放性系统为研究主体,外部环境因素与内部环境因素共同作用下,投资者因预期目标与信息反馈的作用下,形成不同的行为动机,和不同理性程度的投资决策,外部因素作用于内部因素后,使系统发生突变,使资产价格产生波动,改变投资者预期,进而再进行动态的调整。

构建开放性股市系统:

投资者满足:$K = k_q(t) + k_y(t) + k_n(t)$,其中 $k_q(t)$ 为理性投资者,$k_y(t)$ 为有限理性投资者,$k_n(t)$ 为非理性投资者,均为时间的连续函数,表示投资者数量的随机变化。

各类投资者受其自身禀赋、理性程度和投资预期的限制,做出不同的投资决策,在市场交易中由于价格惯性和投资者之间的交互影响,投资者也容易发生理性程度的转移,或者变为更不理性,或者较为理性,那么,投资者类型的转移概率可受两个因素的驱动:信念 X_t 和情绪 Y_t

$$D_t = cX_t + e\frac{dY_t}{dt} \qquad (2.35)$$

X 为投资者的异质信念,Y 为投资者情绪,$\frac{dY_t}{dt}$ 为投资者情绪的变化趋势,参数 a 为投资者对市场预期和效用约束下所赋予的比重,也可以是参考其他类型投资者行为的跟随程度,参数 e 为投资者受市场信息和收益的影响程度,c、e 均为投资者的内部影响因素参数且 c>0 且 e>0。

投资者理性程度的转移概率为:

$$u_{+-} = \frac{1}{2}(1-g)[m - \tanh(D_t)]$$

$$u_{-+} = \frac{1}{2}(1-g)[m + \tanh(D_t)] \tag{2.36}$$

其中：

$$\tanh(D_t) = \frac{e^m - e^{-m}}{e^m + e^{-m}} \tag{2.37}$$

u_{-+}代表有限理性投资者向非理性投资者和理性投资者转移的概率，$\frac{1}{2}(1-g)$ 为投资者对现有信息结合自身特征所进行重新评估的速率，也就是转移速率，$\tanh(D_t)$ 为引进前人的成果进行的设计，$\tanh(D_t)$ 是 S 型函数，在研究中常用来描述系统要素的变动函数，并且能将 $(-\infty, +\infty)$ 的无限区间，转换为 $(0,1)$ 有限区间，以方便后续的研究，因此在市场中投资者理性程度的转移概率中，利用 tan 函数的性质可知，$D > 0$ 时，$\tanh(D_t) > 0$，市场环境稳定，正面信息多，投资者理性程度转变概率变小，$D < 0$ 时，$\tanh(D_t) < 0$，市场环境不稳定，信息负面多，投资者理性程度转变概率变大，可见，市场预期与投资者情绪一致时，投资者的理性程度发生转移的概率越小。由 2.36 式也知，投资者情绪为 0 时，投资者的信念是一致的，然而实际中，由于信息的传播和政策的实施加上投资者个体的生理差异，S_t 是不可能为 0 的。

$$\Delta Y_t = \frac{(\Delta k_n - \Delta k_q) + k_n r \Delta X}{k} \tag{2.38}$$

其中：

$$\begin{aligned}\Delta k_n &= k_n u_{+-} - k_n u_{-+} \\ \Delta k_q &= k_q u_{+-} - k_q u_{-+}\end{aligned} \tag{2.39}$$

结合以上可推出，

$$\Delta Y_t = \frac{(k_n u_{+-} - k_n u_{-+} - k_q u_{+-} - k_q u_{-+}) + k_n r \Delta X}{k}$$

$$= \frac{(k_n u_{+-} - k_n u_{-+} - k_q u_{+-} - k_q u_{-+})}{k} + \frac{k_n}{k} \cdot r \cdot \frac{dX}{dt} \tag{2.40}$$

可知，投资者情绪受异质信念与投资者理性程度转变概率的共同影响，也就说投资者理性程度的变化会导致异质信念的转变进而影响到投资者情绪，从而形成一个链式传递影响。因此可推导出：异质信念与投资者情绪存在相互作用且异质信念与投资者情绪存在突变点。

第三章

异质信念与投资者情绪交互作用下影响资产定价的机理

第一节 基于随机系统动力学的因果分析

基于第二章系统论理论分析，本章构建随机动力系统，并将整个股票市场纳入一个动态系统中，资产价格作为系统的显性特征。投资者是基于对未来收益的预期进入市场交易，但是在股市交易中各种信息纷杂，加之投资者的类型特征使然，不同类型的投资者处于不同的信息环境和个体区别中，所以投资者具有异质性的特征，基于理性程度的差异可分为理性投资者、有限理性投资者和非理性投资者。并结合前面的分析，股票市场并非完全有效的，因此股票交易市场上应当是三类投资者并存的情况。市场非完全有效的，证券产品也不存在完美的替代品说明套利依然处于基本面的风险之下，股票市场上非理性投资者与理性投资者及有限理性投资者三者之间是一个渐近动态的演化进程，基于贝叶斯法则随着信息流和噪声的渐进反应，三者之间存在一个相互进化的关系，因此引入动力系统来描述和刻画三者间的增减变化及演变的动态规律，这也有助于揭示股票市场在情绪与理性的角度上的运行机制。

影响投资者情绪变化和异质信念转变的因素基本上可归为三大类：宏观经济环境、微观层面的市场信息和投资者个体所持情绪偏差，即影响路径从宏观视角到中观视角再到微观视角，先从外部宏观经济环境（全球和国内）来分析经济状况，在此大背景下再来分析产业布局相关政策及产业发展前景来判断资本市场的投资方向，从微观层面就是分析所选定的行业板块或个股的基本面，包括上市公司的经营状况财务报表等具体指标情况。宏观角度常常采用的是 GDP 指标、通货膨胀率、失业率和汇率波动等，中观角度结合国内当前的政策导向行业布局等进行具体的分析，微观角度采取的是板块动向、个股指标以及传统的技术分析等，最终体现在投资者的个体差异上，与其获取到的信息和自身的禀赋差异而形成的投资者情绪及与之相应的异质信念。

在社会环境下，投资者对信息的收集和获取是有成本的，同时也存在认知偏差，对各类信息的理解存在偏误，而这种偏误会逐渐演化为市场情绪，会导致投资者对资产的价格预期做出或过于悲观或过于乐观的误判，从而做出错误的行为决策，推动市场上价格泡沫的产生，投资者自身禀赋千差万别，由此造成的理性程度也有很大差别。部分投资者进入股市交易是在朋友的介绍下，或者是通过别人的示范效应进入市场，他们对于投资可能知之甚少，对于技术分析和个股财务分析一知半解，又常常被别人的意见左右，对自己的决策十分自信，造成对于价格趋势产生误解，并对于消息选择有差别的认同，在盲目自信中发现自己的决策错误，常常会出现追涨杀跌的现象，造成价格失真。在 DSSW 模型中就将非理性交易者看作是噪声交易者，也证明了噪声交易者会导致价格发生偏离，形成价格泡沫。如此情形经过反复的轮回，形成一种反馈机制，使价格预期不断得到调整，使其偏离均衡价格的程度越来越大。但是投资者理性程度的差别所导致的异质信念也是不同的，为了刻画三类投资者的演变过程，以理性程度为特征建立随机动力系统模型。如图 3.1 所示，投资者在市场中受到外部信息冲击与内部要素交互作用下形成不同理性程度的投资者，从而进行异质性的投资行为决策，再反过来影响到市场的波动，形成一个动态的开放性系统。

第三章 异质信念与投资者情绪交互作用下影响资产定价的机理

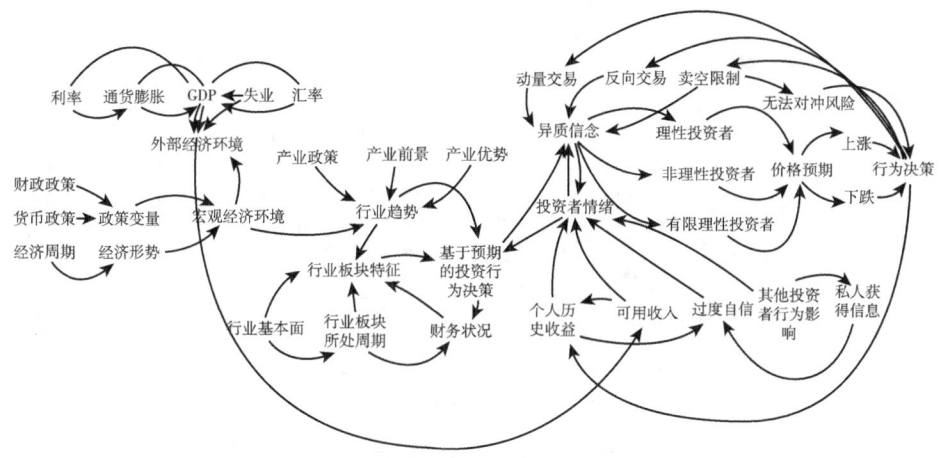

图 3.1 投资者在市场演化的因果回路

在投资者理性变动因果回路中由多个因果链构成，因果链也构成了多个反馈环，在反馈环的作用下形成了股市的复杂系统，主要反馈环如下：

（1）GDP→＋现行政策、经济形势→＋宏观经济环境→＋外部经济环境→＋GDP。

在该反馈环中，GDP 水平推动了政策的实施，促进了宏观环境的改善、增加就业和产出等，对 GDP 增长产生促进作用。

（2）行业板块特征→＋行业收益率→＋投资者预期→＋投资者投资决策→＋财务状况→＋行业板块特征。

在该反馈环中，行业板块的前景等特征促进行业收益率的提高，增加投资者的投资预期，促进了公司的发展和提高了行业的特征值。

（3）投资者预期→＋异质信念→＋投资者情绪→＋投资者理性程度→＋投资决策→＋投资收益→＋投资者预期。

在该反馈环中，投资者基于预期的不同持有异质信念，进而影响到投资者情绪，生成不同理性程度的投资者，导致做出不同的投资行为，最后影响了投资者预期。

在因果回路图的基础上，将变量进行归类的量化处理，构建了股市投资者理性结构变动流图，如图 3.2 所示。

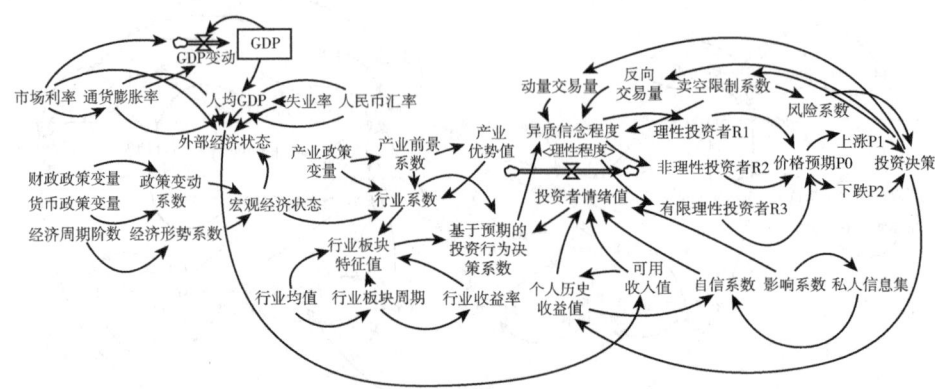

图 3.2 投资者理性变动流图

一、动力系统演化模型的构建

在理性投资者、有限理性投资者和非理性投资者三类投资者参与的市场中，k 为投资者的理性程度，x_{tk} 为理性交易者 t 时刻的交易额，y_{tk} 为非理性交易者 t 时刻的交易额，z_{tk} 为有限理性交易者 t 时刻的交易额，三者的收益率分别为 r_x、r_y、r_z。当市场由理性交易者、有限理性交易者和非理性交易者构成时，依据 Friedman 的理论，理性交易者能够获得高于市场平均收益率的收益，进而非理性投资者与有限理性投资者将会逐渐离场。因此收益率 r_x、r_y、r_z 与三类投资者在市场中的比例相关，可做如下描述：

微分方程组：

$$\begin{cases} \dfrac{dx_{tk}}{dt} = f(x_{tk}, r_x(x_{tk}, y_{tk}, z_{tk}; \alpha_2)) \\ \dfrac{dy_{tk}}{dt} = g(y_{tk}, r_y(x_{tk}, y_{tk}, z_{tk}; \beta_2)) \\ \dfrac{dz_{tk}}{dt} = h(z_{tk}, r_z(x_{tk}, y_{tk}, z_{tk}; \gamma_2)) \end{cases} \quad (3.1)$$

（α_2、β_2、γ_2 为参数向量）

首先假定市场是一个封闭的，没有新的投资者加入，那么三类投资者的交易总量动态变化如下：

$$\begin{cases} \dfrac{dx_{tk}}{dt} = x_{tk} \cdot r_x \\ \dfrac{dy_{tk}}{dt} = y_{tk} \cdot r_y \\ \dfrac{dz_{tk}}{dt} = z_{tk} \cdot r_z \end{cases} \quad (3.2)$$

若股票市场平均收益率为 r_m，当市场均衡时，可得：

$$x_{tk} \cdot r_x + y_{tk} \cdot r_y + z_{tk} \cdot r_z = (x_{tk} + y_{tk} + z_{tk}) \cdot r_m \quad (3.3)$$

按 Friedman[31] 的理论，理性投资者的财富总额会在市场上逐渐增加，那么理性投资者的收益应遵循以下假设：

① r_x 为随理性投资者的增加而减少，呈凸向原点的形态。

② 当股票市场上全部为理性投资者时，$r_x \to r_m$。

因此可以判断，r_x 为双曲函数。可表示为：

$$(r_x - r_m + \theta_1 + \theta_2) \cdot \dfrac{x_{tk}}{x_{tk} + y_{tk} + z_{tk}} = \theta_1 + \theta_2 \quad (3.4)$$

可知：

$$\begin{cases} r_x = \theta_1 \cdot \dfrac{y_{tk}}{x_{tk}} + \theta_2 \cdot \dfrac{z_{tk}}{x_{tk}} + r_m \\ r_y = r_m - \theta_1 \\ r_z = r_m - \theta_1 - \theta_2 \end{cases} \quad (3.5)$$

其中，θ_1、θ_2 为参数，代表理性投资者对有限理性投资者和非理性投资者的掠夺率，所以可进一步得到市场演化的动态微分动力系统：

$$\begin{cases} \dfrac{dx_{tk}}{dt} = \theta_1 \cdot y_{tk} + \theta_2 \cdot z_{tk} + r_m \cdot x_{tk} \\ \dfrac{dy_{tk}}{dt} = y_{tk}(r_m - \theta_1) \\ \dfrac{dz_{tk}}{dt} = z_{tk}(r_m - \theta_1 - \theta_2) \end{cases} \quad (3.6)$$

由前面可知，市场的收益率和2个掠夺率是随时间和理性程度而随机变化的，但是在封闭市场环境下，没有新投资者的加入，市场收益率和掠夺率均可取均值，看作参数处理。

二、开放性系统的动态随机演化模型的构建

在现实情景下，投资者的进入市场和退出市场是具有随机性的，市场上存在各种消息冲击，所以 x_{tk}、y_{tk}、z_{tk} 为随机变量。假定各类消息冲击为白噪声，可将投资者进入和退出情形构建净进入率来进行模型的推演，同时建立一个随机动力系统模型来进行市场的短期动态以及长期达到均衡的过程演化。

假设 t 时刻，投资者进入市场的速度与其总量财富间存在线性关系，也就是投资者手中越有可支配的财富进入市场越迅速，可设 t 时刻理性投资者进入市场的可支配财富为 $w_x(x_{tk}+y_{tk}+z_{tk})$，有限理性投资者进入股票市场的可支配财富为 $w_y(x_{tk}+y_{tk}+z_{tk})$，非理性投资者进入股票市场的财富为 $w_z(x_{tk}+y_{tk}+z_{tk})$，同时设 w_x、w_y、w_z 分别为三类投资者的净进入率。构建模型如下：

$$\begin{cases} dx_{tk} = [(r_m+w_x)x_{tk} + (\theta_1+w_x)y_{tk} + (\theta_2+w_x)z_{tk}]dt + x_{tk}\sigma_x dB_{1t} \\ dy_{tk} = [w_y x_{tk} + (r_m-\theta_1+w_y)y_{tk} + (\theta_2+w_x)z_{tk}]dt + y_{tk}\sigma_y dB_{2t} \\ dz_{tk} = [w_z x_{tk} + (r_m-\theta_1+w_y)y_{tk} + (r_m-\theta_1-\theta_2+w_z)z_{tk}]dt + z_{tk}\sigma_z dB_{3t} \end{cases}$$

(3.7)

其中，σ_x、σ_y、σ_z 表示三类投资者的投资行为系数，B_{1t}、B_{1t}、B_{1t} 为相互独立的布朗运动。

对模型的求解，应先做如下假设：模型存在唯一解，长期状态下投资者的财富期望呈指数增长，非理性投资者和有限理性投资者可共存。

假设1：对于 x_{tk}、y_{tk}、z_{tk} 给定任意初值 x_{k0}、y_{k0}、z_{k0} 均存在唯一解，且 x_{tk}、$y_{tk} \in \mathcal{R}^+$，$t \geq 0$。

假设2：长期状态下，三类投资者财富总额的期望值呈指数增长趋势，且
$$\lim_{t\to\infty} E(x_{tk} + y_{tk} + z_{tk}) = \infty \tag{3.8}$$
假设3：非理性投资者与有限理性投资者可长期存在。

以上三个假设的论证过程如下：

假设1的证明：

因模型中满足线性增长和局部 Lip – shitz 条件，故得 $E\left[\int_0^T |X_{tk}|^2 dt\right] < \infty$，即存在全局唯一解，且在时间 T 内系统的均方期望是有限的。

假设2的证明：

令 $M = w_x + w_y + w_z + r_m$；

$V(X(t)) = x(t) + y(t) + z(t)$，

根据 Ito 过程可知：

$$dV(X(t)) = \frac{\partial V}{\partial x}dx + \frac{\partial V}{\partial y}dy + \frac{\partial V}{\partial z}dz = M(x(t) + y(t) + z(t))dt + x(t)\sigma_x dB_{1t} + y(t)\sigma_y dB_{2t} + z(t)\sigma_z dB_{3t} \tag{3.9}$$

取期望值：

$$E[V(X(\tau_1 \Lambda T))] = V(X(0)) + M\int_0^T E[V(X((\tau_1 \Lambda T)))]dt \tag{3.10}$$

令 $t \to \infty$，因为 $V(X(0)) > 0, M = w_x + w_y + w_z + r_m > 0$，所以可得：

$$\lim_{t\to\infty} E[V(X(t))] = \lim_{t\to\infty} V(X(0)) E[e^{Mt}] = \infty \tag{3.11}$$

由此可证，假设2成立，当时间无限长时，三类投资者的可支配财富也趋于无穷多。

假设3的证明：

令 $S = r_m - \theta_1 - \theta_2 + w_y + w_z$，可得：

$$y_{tk} = \int_0^t w_y x_{tk} dt + \int_0^t S y_{tk} dt + \int_0^t y_{tk}\sigma_y dB_{2t}t + \int_0^t w_z x_{tk} dt + \int_0^t S z_{tk} dt \tag{3.12}$$

$$z_{tk} = \int_0^t w_y x_{tk} dt + \int_0^t S y_{tk} dt + \int_0^t y_{tk}\sigma_y dB_{2t}t + \int_0^t w_z x_{tk} dt + \int_0^t S z_{tk} dt + \int_0^t z_{tk}\sigma_z dB_{3t}t \tag{3.13}$$

令 $\varphi_{t1} = \int_0^t S\varphi_{t1}dt + \int_0^t \varphi_{t1}\sigma_y dB_{2t}t$,有：

$$\varphi_{t2} = \int_0^t S\varphi_{t2}dt + \int_0^t \varphi_{t2}\sigma_z dB_{3t}t \tag{3.14}$$

应用 Ito 公式可得：

$$\varphi_{t1} = S\varphi_0 \exp\left(S - \frac{1}{2}\sigma_y^2\right)t + \sigma_y B_{2t} \tag{3.15}$$

$$\varphi_{t2} = S\varphi_0 \exp\left(S - \frac{1}{2}\sigma_z^2\right)t + \sigma_z B_{3t} \tag{3.16}$$

可以推导出：

$$\begin{array}{l} S > \frac{1}{2}\sigma_y^2 \text{时}, \varphi_{t1} \to \infty \\ \\ S < \frac{1}{2}\sigma_y^2 \text{时}, \varphi_{t1} \to 0 \end{array} \tag{3.17}$$

当 $S = \frac{1}{2}\sigma_y^2$ 时，φ_{t1} 在（0, ∞）间波动。

同理，有：

$$\begin{array}{l} S > \frac{1}{2}\sigma_z^2 \text{时}, \varphi_{t2} \to \infty \\ \\ S < \frac{1}{2}\sigma_z^2 \text{时}, \varphi_{t2} \to 0 \end{array} \tag{3.18}$$

当 $S = \frac{1}{2}\sigma_z^2$ 时，φ_{t2} 在（0, ∞）间波动，因此可证明假设 3 成立。

非理性投资者与有限理性投资者可以在股票市场上长期存在，且财富也呈增长趋势，同时也说明财富增长方差的二分之一大于市场收益率和掠夺率及净进入率时，非理性投资者和有限理性投资者可能会在市场中消失。

三、随机动力系统模型的演化仿真分析

模型的解析解不易得出，因此用仿真的方法对市场的真实情景进行仿真模拟，并采用多次模拟求均值的方法来分析投资者的财富期望。参考

Higham 的方法对模型进行仿真模拟，可简化为如下形式：

$$\begin{cases} \xi_{t+1} = \xi_t + [(r_m + w_x)\xi_t + (\theta_1 + w_x)\varphi_t + (\theta_2 + w_x)\psi_t]\Delta t + \xi_t \sigma_x \sqrt{\Delta t}\varepsilon_{1t} \\ \varphi_{t+1} = \varphi_t + [w_y \xi_t + (r_m - \theta_1 + w_y)\varphi_t + (r_m - \theta_1 + w_y)\psi_t]\Delta t + \varphi_t \sigma_y \sqrt{\Delta t}\varepsilon_{2t} \\ \psi_{t+1} = \psi_t + [w_z \xi_t + (r_m - \theta_1 - \theta_2 + w_z)\varphi_t + (r_m - \theta_1 - \theta_2 + w_z)\psi_t]\Delta t + \psi_t \sigma_y \sqrt{\Delta t}\varepsilon_{3t} \end{cases}$$

(3.19)

其中，ε_{1t}、ε_{2t}、ε_{3t} 均为随机变量且服从正态分布。

第二节 测度异质信念与投资者情绪设计

投资者的决策行为是能通过异质信念的预期和投资者情绪的作用做出的，投资者情绪对于信息环境的变化较为敏感，结合前面的研究发现投资者情绪对于价格在上涨和下跌过程中有助于推动和加速的作用，而情绪作用的后果又会反过来影响异质信念的产生。但是异质信念与投资者情绪不能直接获取，具有不可观测的性质。在学术界的相关研究中，投资者情绪与异质信念的测度一般有直接指标和间接代理指标，由于直接指标的获取存在一定的困难，因而选用了间接代理指标剔除宏观因素影响后来合成测度指标进行后续的研究。

一、异质信念指标构建设计

异质信念是投资者的意见分歧，是投资者基于对未来收益预期的分歧，往往受到市场环境、经济政策与交易制度的影响，具有长期稳定性。异质信念可以看作是投资者信念的分歧程度（方差），投资者情绪相当于投资者信念的乐观程度（均值）[39]，异质信念也就是意见分歧。大部分学者将其定义为不同的投资者对持有的相同的股票的期望收益率和期望收益率方差的不同预期，也是基于这样的观点认为异质信念是投资者对于金融资产产品基于未来收益的不同预期,投资者情绪是基于投资者自身的个体禀赋差异下对资本市场实际运行的心理偏差和行为偏差。

Miller(1977)[40]曾对异质信念与股价之间的关系进行了分析,结果表明股票价格的高估程度与异质信念的分歧程度呈现显著正相关的关系,主要是由于卖空的限制投资者的悲观信念无法体现出来,而股票价格中包含的仅是乐观信念的价格,因而导致股票价格被高估,同时也会导致供求变化发生偏移。但实际上投资者异质信念是一个动态的过程,是根据自己得到的信息不断进行信念的修正,所以 Harrison 和 Kreps (1978)[103]从动态的角度进行了研究,结果表明异质信念的调整会导致资产价格泡沫的产生。在 Scheimkman 和 Xiong (2003)[104]提出的投资者过度自信概念后能更清晰地分析出资产泡沫的生成过程。Diether、Malloy 和 Scherbina (2002)[44]首次使用分析师预测数据进行分析,结果发现分析师预测分歧也就是分析师异质信念与公司的股票收益存在显著负相关的关系。Nagel (2005)[105]也认为基于分析师预测分歧下异质信念较强的股票出现较低的收益率的情况。综上所述,考虑到与投资者情绪的相互影响关系以及分析师预测数据的优势,能够独立于交易市场且不存在干扰因素,分析师有其自身的素质优势更倾向于代表投资者的信念,并且个体投资者也优先参考分析师的预测数据进行投资行为,所以也选取分析师预测分歧来作为异质信念的代理指标进行后续的分析。我国证券市场是基于行业特色来进行划分的板块,基于行业成长和价值的异质性,投资者对于板块所做出的预测也是不同的,因此,将异质信念以板块为界进行归类。

分析师预测偏差。

将分析师预测偏差定义如下:

$$\text{Fbi}_{i,t} = \frac{\text{FEP}_{i,t} - \text{AEP}_{i,n}}{|\text{AEP}_{i,n}|} \tag{3.20}$$

$$\text{FEP}_{i,t} = \frac{\sum \text{FEP}_{k,t}}{N} \tag{3.21}$$

其中,$\text{Fbi}_{i,t}$ 表示分析师 t 时间对板块收益预测的偏差率,$\text{FEP}_{i,t}$ 表示分析师在 t 时间对板块 i 的一致预测,也就是各分析师对同一板块的收益预测平均值,N 为分析师数量,$AEP_{i,n}$ 则表示板块 i 的真实收益率。

为了衡量分析师的异质信念和消除波动性,采取板块的方式来消除非系统性风险,分析师预测分歧指标公式如下:

$$DA_t = \frac{\sum_i VST_{i,t} \cdot DA_{i,t}}{\sum_i VST_{i,t}} \tag{3.22}$$

$$DA_{i,t} = \frac{SEP_{i,t}}{FEP_{i,t}} \tag{3.23}$$

$$SEP_{i,t} = \sqrt{\frac{\sum (FEP_{k,t} - FEP_{i,t})^2}{N-1}} \tag{3.24}$$

其中,$FEP_{k,t}$ 表示 t 时间 k 分析师对某板块的预测值,$FEP_{i,t}$ 表示分析师在 t 时间对板块 i 的一致预测(平均值),$SEP_{i,t}$ 表示预测标准差,$DA_{i,t}$ 表示分析师预测分歧,$\sum_i VST_{i,t}$ 表示时间 t 期末的流通总股份,$\sum_i VST_{i,t} \cdot AD_{i,t}$ 为流通总股份加权下的分析师预测分歧。

将分析师预测标准差作为异质信念的代理指标,能够度量投资者的异质信念,分析师作为专业投资者并且于证券机构中任职,但是并不能说明他们是完全理性的投资者,对于市场的看法仍然存在主观性。分析师所接受到的基本面信息基本相同,不易受到信息不对称的影响,也减少了不可观测的随机误差项的干扰,剔去基本相同信息的影响,标准差就能体现出分析师的意见分歧,能够代表投资者的异质信念。因为投资者情绪指标的选取采用了换手率、波动率等数据,为了避免后续研究中出现变量间的共线性和内生性,将分析师作为异质信念的代理指标是合理的。

二、投资者情绪指标构建设计

投资者情绪是投资者在交易过程中受到信息冲击后结合自身特性所做出的即时反映,具有即时性的特点。投资者情绪是无法直接测量的,其度量是应用间接的方式来完成的，编制投资者情绪测量指标，大部分学者采用主成分分析法。例如，Baker（2006）[50]等采用第1主成分来构建，由于国内经济环境与国外不同，因而国外的指标构建需要结合我国的国情进行改进，易志高和茅宁（2009）[106]采用5个主成分的加权平均的方法来构建。也有采用偏最小二乘法（PLS）来构建的。例如，王镇和郝刚（2014）[107]运用了偏最小二乘法来构建投资者情绪综合指标。Huang等（2015）[108]也选用了偏最小二乘的方法将代理指标：封闭基金折价率、换手率、IPO首日回报率、IPO数量、分红指标和新股发行占比等构建了情绪测量指标。贺志芳等（2017）[109]采用个体投资者协会指数、AII直接指标为投资者情绪的代理变量，姚尧之等（2018）[110]以混频交易数据的间接指标采用主成分分析的方法提取和构建投资者情绪指标。

目前，学术界对于投资者情绪指标的构建还有采用主观指标的做法，利用交易数据或者社交平台等主观提取相关信息，如在论坛的发帖数据，媒体语气库、证券分析师情绪等。Jiang等（2016）[111]则采用主观指标的方法通过文本数据构建了经理人情绪指数。美国学者Azar和Lo（2016）[112]通过收集推特上的网民关于联邦公开市场委员会的反馈信息来预测股市收益。我国学者杨晓兰等（2016）[113]也通过收集分析东方财富网股吧投资者的相关留言或帖子，挖掘出留言所表达的情绪，进一步构建直接投资者情绪测量指标。因此可以看出，投资者情绪可采用大数据文本分析等方法获得，进行直接的分析，此类方法能够直接快速地得到投资者情绪的信息，但是对技术要求较高，特别是一些网站最近对于信息爬取进行了限制，一些数据也很难全面获得。

客观测量情绪的指标是从交易数据中提取的，也可以看作是事后（交易后）的数据，而主观性指标是从事先（交易前）得到的，两种方法都存在一定的缺点，客观指标对于预测存在短板，而主观指标由于情绪反应与行为决策可能不同步有可能会放大影响，导致最终发生偏差，因此需要加入一些控制变量来增加情绪测量的准确性，如实地反映投资者情绪的变化。

易志高和茅宁（2009）[106]认为在构建情绪指数中会出现丢失数据的现象，因此他除了采用常见的指标：交易量、IPO首日收益率、消费者信心指数等外还加入了宏观经济变量作为控制变量来进行构建，实证结果表明此方法确实有效，主成分方法也一直被众多学者采用，但是这种方法也存在一定的缺点，会提取一些无效信息，使情绪指标精度减弱。借鉴了王镇等采用的构建投资者情绪测量指标的方法，对各客观指标进行了偏最小二乘法PLS分析，最大限度地提取投资者情绪的信息，提高了后续模型运算的精度。

在投资者情绪指标体系的构建上，在结合并改进前人的研究基础上，针对股市上的一些行业板块突出的现象进行相关的研究。股票市场上股票种类众多，以板块为基准对投资者情绪进行分析，基于各行业的异质性，不同板块面临的投资者情绪也是有区别的，为了能够体现出投资者情绪对于行业的异质性影响，同时也能更明确投资者情绪的趋势转变，因此选择板块交易量（PTU）、新增投资者开户数（NEW）、投资者信心指数（DCI）、板块换手率（PTV）、板块Beta值（PB）、板块涨跌幅（PCH）、板块收益率（PRE）、板块波动率（PVO）作为源指标并进行数据预处理。消费者信心指数对于刻画股市来说并不能全面反映投资者的状况，因此选用了投资者信心指数；目前IPO已成常态且已改变规则，所以舍去这个指标，并加入了板块涨跌幅这个指标来构建投资者综合情绪指数。另外，因为我国股市有涨跌幅限制，原始数据并不能完全反映市场的真正变化，所以首先对原始数据用HP滤波剔除了经济周期和宏观因素的影响，再对板块换手率（PTV）、板块成交量（PTU）、板块涨跌幅（PCH）等指标都进行变化率的处理，通过变化率的方式就能反映股市真实的情绪变化。投资者情绪具有滞后的特性，选取预处理后的这8个指标及其滞后一期做偏最小二乘分析。

在这里借鉴Huang（2014）[114]等利用偏最小二乘法构建的情绪指数表达式：

$$S_i = X_i J_N X_i' J_T R_i (R_i' J_T X_i J_N X_i' J_T R_i)^{-1} R_i' J_T R_i \qquad (3.25)$$

其中，S_i 用来表示偏最小二乘计算出的板块投资者情绪综合指数，X_i 用来表示板块投资者情绪代理变量所组成的阶矩阵，因为投资者情绪对板块收益影响具有滞后性，所以选取的指标均含有当期指标和滞后一期的指标，$X_i = (x'_{i1}, x'_{i2}, \cdots, x'_{it})'$，N 为板块情绪变量指标的个数，$R_i$ 为板块收益，$R_i = (R_{i1}, R_{i2}, \cdots, R_{iT})'$，$J_T$ 为 T 阶转换矩阵，将各代理指标代入式（3.25）中得到结果可简化为：

$$S_i = mX \tag{3.26}$$

由偏最小二乘法得到的投资者情绪指标模型为：

$$\begin{aligned}S_i = m_i &+ \pi_1 PRE_i^{-1} + \pi_2 PB^{-1} + \pi_3 PTU_i^{-1} + \pi_4 PTV_i^{-1} + \pi_5 PVD_i^{-1} \\&+ \pi_6 NEW_i^{-1} + \pi_7 DCI_i^{-1} + \pi_8 PCH_i^{-1} + \pi_9 PB_i + \pi_{10} PTU_i + \pi_{11} PTV_i \\&+ \pi_{12} PVD_i + \pi_{13} NEW + \pi\beta_{14} DCI + \pi_{15} PCH_i + \varepsilon_i\end{aligned} \tag{3.27}$$

其中，PRE_i^{-1}、PB^{-1}、PTU_i^{-1}、PTV_i^{-1}、PVD_i^{-1}、NEW_i^{-1}、DCI_i^{-1}、PCH_i^{-1} 分别代表板块 i 的板块收益率交易量、板块 Beta 值、板块换手率、新增投资者开户数、投资者信心指数板块涨跌幅、板块波动率等变量的滞后一期，α_i 代表第 i 个板块的截距，$\beta_1 \sim \beta_{15}$ 分别代表相关变量系数，ε_i 代表板块 i 的随机扰动项。

第三节 异质信念和投资者情绪交互作用机理检验分析设计

将异质信念与投资者情绪的相互影响关系为基准建立模型，异质信念是基于宏观因素的影响下的长期信念的状况，投资者情绪则是基于短期的投资者个体的行为偏差。两者之间的影响关系和作用存在一定的非线性关系，特别是从前人的研究成果来看，一些学者，如 Bayar[58]、张宗新[61] 等都认为异质信念能够作为影响投资者情绪的一个影响因素，最后通过对投资者情绪的影响直接做出投资行为的改变，特别是付萱（2015）[63]研究发现异质信念的影响下投资者情绪能够对市场未来的超额收益产生区间性的影响，但是多数研究只对异质信念与投资者情绪的单向影响进行了探讨，并没有对双向影响进行分析，市场交易信息会对异质信念的调整产生影响，调整后的异质信念又会对投资者情绪造成影响，与此同时，投资者情绪的改变又会对异质信念造成新的调整，这是一个交互的动态过程，其作用机理也是一个渐进的累积过程，因此本部分对异质信念与投资者情绪的交互影响作用进行了全面的展开研究。

一、模型条件

鉴于前面的一些假设推导，结合行为资产定价相关的行为学理论将股票价格及其影响因素为研究主体，研究异质信念下的投资者情绪变化对资产定价影响机制过程。首先，对投资者情绪与异质信念进行相关性研究，讨论两者的传导路径和发生机理；其次，结合行为资产定价模型构建带情绪因子的行为资产定价模型进行实证检验，进而研究带有异质信念的投资者情绪对资产定价的影响。异质信念很难直接度量，学者大多采用间接度量的方式，也就是选取一些代理指标来进行构建。李富军和姜富伟（2019）[115]也采用了与Garfinkel和Sokobin（2006）[116]类似的方法，将市场影响和流动性需求剔除后的换手率作为异质信念的间接指标。邓路和王化成（2014）[117]、Jon和Jonathan（2006）[116]以及沈冰和周飞（2019）[118]均选取了调整后的换手率作为间接指标来进行异质信念的测度。

在后续研究中，为简化研究，将无风险利率设定为0，模型的交易时期定为4期，即$t=0,1,2,3,4$；股票价格初期定义为0，$P_0=0$；投资行为发生于1~3时期，4期为资产清算，θ为信息集，$\theta \sim N(0, \theta_\theta^2)$，将$\varepsilon$表示为随机扰动项，且假定$\varepsilon \sim N(0, \sigma^2)$；异质信念$D_i$只表示长期异质信念，$S_i$表示为短期投资者情绪，异质信念下的投资者情绪定义其为情绪因

子 F_i。情绪因子 F_i 将于后面引入。

假设股票价格是情绪因子（F_i）的线性函数：

$$P = P_0 + \lambda F_i \tag{3.28}$$

假设投资者的期望收益为：

$$E[(P_s - P)D_s]F_i \tag{3.29}$$

其中 D_s 为情绪投资者的需求。

求偏导后可得：

$$D_s = \frac{F(D_s)}{2\lambda} \tag{3.30}$$

由以上可知：

$$D_s = \frac{\phi}{2\lambda}(F') \tag{3.31}$$

其中，F' 表示情绪因子，ϕ 为情绪集合，λ 为参数。

故股票价格在均衡时所具备的条件是：

（1）异质信念下投资者情绪上升时需求量增加而情绪下降时需求量减少。

（2）投资者在设定中的 4 期均达到投资最优。

（3）3 个交易期中资产出清价格为。

$$P_1 = P_0 + \lambda_1 F'_1$$
$$P_2 = P_1 + \lambda_2 F'_2$$
$$P_3 = P_2 + \lambda_3 F'_3 \tag{3.32}$$

二、加入情绪交互因素的递归效用函数

因为投资者在投资过程中尽管有非理性因素的影响但仍然有效用最大化的目标，所以采用加入情绪因子的递归效用函数：

$$U_t = \left\{(1-\varpi)C_t^{1-\rho}Z_t^{\rho} + \beta[E_t U_{t+1}^{1-\gamma}]^{\frac{1-\rho}{1-\gamma}}\right\}^{\frac{1}{1-\rho}} \tag{3.33}$$

其中，$\gamma > 0$ 为风险规避系数，$\frac{1}{\rho} > 0$ 为跨期替代弹性，ϖ 为主观贴现

率，Z_t 为情绪因素，也可得到如下形式：

$$U_t^{\frac{1-\rho}{1-\gamma}} = (1-\varpi)C_t^{1-\rho}Z_t^\rho + \beta(E_tU_{t+1}^{\frac{1-\rho}{1-\gamma}}) \tag{3.34}$$

令 $G_t = U_t^{\frac{1-\rho}{1-\gamma}}$，代入式（3.34）进行迭代运算可得：

$$\begin{aligned}G_t &= (1-\varpi)C_t^{1-\rho}Z_t^\rho + \varpi(E_t \cdot G_{t+1}) \\ &= (1-\varpi)C_t^{1-\rho}Z_t^\rho + \varpi\{E_t[(1-\varpi)C_{t+1}^{1-\rho}Z_{t+1}^\rho + \varpi(E_t \cdot G_{t+2})]\} \\ &= (1-\varpi)C_t^{1-\rho}Z_t^\rho + \varpi(1-\varpi)[E_tC_{t+1}^{1-\rho}Z_{t+1}^\rho + \varpi^2 E_t \cdot G_{t+2} \\ &= \cdots = (1-\varpi)E_t\left(\sum_{k=0}^{\infty}\varpi^k C_{t+1}^{1-\rho}Z_{t+1}^\rho\right) + \lim_{j\to\infty}\varpi^j E_t G_{t+1}\end{aligned} \tag{3.35}$$

即

$$U_t = \left[(1-\varpi)E_t\left(\sum_{k=0}^{\infty}\varpi^k C_{t+1}^{1-\rho}Z_{t+1}^\rho\right) + \lim_{j\to\infty}\varpi^j E_t U_{t+1}^{\frac{1-\rho}{1-\gamma}}\right]^{\frac{1-\gamma}{1-\rho}} \tag{3.36}$$

其中，$\lim_{j\to\infty}\varpi^j E_t U_{t+1}^{\frac{1-\rho}{1-\gamma}}$ 代表极限远期个体的期望效用贴现的极值，此值可假定为 0，则投资者的跨期最优决策为：

$$M(t) = \max E_0 \sum_{t=0}^{\infty}\varpi^t\left[(1-\varpi)E_t\sum_{j=0}^{\infty}\varpi^j C_{t+1}^{1-\rho}Z_{t+1}^\rho\right]^{\frac{1-\gamma}{1-\rho}} \tag{3.37}$$

由于消费 C_t 具有随机性，符合随机生成过程，假定其服从以下过程：

$$C_t = A(1+\mu)^t e^{-0.5\sigma^2} \varepsilon_t \tag{3.38}$$

故有：

$$E(C_t) = A(1+\mu)^t \tag{3.39}$$

情绪交互因子 Z_t 符合随机分布：

$$Z_t = B(1+\mu)^t e^{-0.5\sigma^2} \tau_t \tag{3.40}$$

可得：

$$E(Z_t) = B(1+\mu)^t \tag{3.41}$$

第四节 交互作用下对资产定价的影响机理分析设计

资本市场中决定股票价格的影响因素很多，可分为外部影响因素和内部影响因素。外部影响因素为投资者的异质信念和投资者情绪等，主要是基于投资者对外部市场信息解读和交易反馈；内部影响因素是企业内部的经营状况发展前景等微观因素。对于外部影响因素的研究，主要集中在投资者情绪和异质信念所导致的行为决策对价格波动的影响偏差，也就是股票价格偏离价值的幅度，通过影响对生成机理的进一步研究，可揭示出价格的生成机制以及资产泡沫的形成路径。而投资者的情绪因素对股票价格的影响并不是全区域内有限，存在一部分区域的无效影响，而异质信念影响下的投资者情绪可假定为影响股票价格的有效区域，进而可进行下面的分析研究。

一、构造情绪交互因子

异质信念下的投资者情绪变化是一个动态的过程，一方面是基于投资者错误地运用贝叶斯法则，另一方面投资者情绪也能反映风险偏好。俞红海（2015）[62]认为异质信念能够加强短期的投资者情绪对价格波动的影响。付萱（2015）[63]也认为投资者情绪与异质信念间有直接的联系能够共同作用影响收益率。因此，异质信念与投资者情绪间的这种双向影响如图3.3所示。

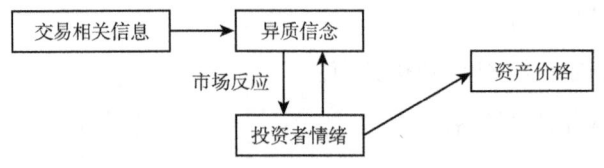

图 3.3　异质信念与投资者情绪相互影响及作用于资产定价的路径

根据贝叶斯法则，假设股价 P_t 的先验服从条件正态分布：$P_t \mid \mu \sim N(\mu, \sigma^2)$，股价受到两种信息的冲击，一种是基本面消息 ζ_t，另一种是非正常消息 ξ_t，ζ_t 表示是真实信息，ξ_t 为不完全真实的信息，类似坊间传闻相当于交易噪音。

假设 $\zeta_t \sim (\mu_\zeta, \sigma_\zeta^2)$ 且 $\xi_t \sim (0, \sigma_\xi^2)$，显然 $\sigma_\zeta^2 < \sigma_\xi^2$，因为在市场环境

中，小道消息常常满天飞比基本面消息更加频繁和纷乱。

假设投资者因个人禀赋原因，基于行为心理的先验理论锚定效应等，先验信念可表示为：

$$\pi_i = w_i \zeta + (1 + w_i) \xi \tag{3.42}$$

其中，i = 0, 1；代表有两类投资者也就是个人投资者与机构投资者，两者的信息集合不同，w_i 表示权重，取值为（0~1）；按常规来讲，机构投资者更倾向于 ζ 的权重更大一些，而个人投资者出于信息源的限制更倾向于 ξ 的权重更大一些。假设投资者均符合贝叶斯法则，通过消化信息来预估股票未来走势，通过调整先验信念来更新后验信念，可由式（3.42）推导出投资者对于股价的期望值为：

$$E(P_{t+1,i}) = \frac{\sigma^2}{n\sigma_{0,i}^2 + \sigma^{2\mu_{0,i}}} + \frac{n\sigma_{0,i}^2}{n\sigma_{0,i}^2 + \sigma^2} P'_m, m = 0,1,2,\cdots,n-1 \tag{3.43}$$

其中，m 为股价的 m 个历史值，P'_m 为其平均值。

求导可得：

$$\frac{\partial \sigma_{t+1,i}^2}{\partial w_i} = \frac{2\sigma^2 \sigma^2 (w_i \sigma_\zeta^2 + w_i \sigma_\xi^2 - \sigma_\xi^2)}{\{n[w_i^2 \sigma_\zeta^2 + (1-w_i)^2 \sigma_\xi^2] + \sigma^2\}^2} \tag{3.44}$$

因为个体投资者更趋向于非真实消息，所以 $w_1 < \frac{1}{2}$ 且 $w_1 < \frac{\sigma_\xi^2}{\sigma_\xi^2 + \sigma_\zeta^2}$，由此可知，个体投资者的异质信念波动更剧烈一些，而机构投资者的异质信念的调整则相对平稳一些。

由递归效用函数可知，$U_t^{1-\rho} = (1-\beta_2) C_t^{1-\rho} Z_t^\rho + \beta_2 [E_t U_{t+1}^{\frac{1-\rho}{1-\gamma}}]$，其期望最大化为：

$$E(U) = \max E_0 \sum_{t=0}^{\infty} \beta_2^t [(1-\beta_2) E_t \sum_{j=0}^{\infty} \beta_2^j C_{t+1}^{1-\rho} Z_{t+1}^\rho]^{\frac{1-\gamma}{1-\rho}} \tag{3.45}$$

等价于风险规避系数 γ 越小越好，也就是说，投资者的风险承受能力越强在财富条件约束下效用越大。与现实情形接近，风险与收益正相关，收益越大承担的风险也越大，最终达到 Pareto 最优。

基于以上分析，假设异质信念与投资者情绪之间存在结构突变，是一种非线性的关系,也就是说,当异质信念与投资者情绪在上升区间可能存在正相关,在下降区域可能负相关,存在结构突变点,并且不论是异质信念还是投资者情绪都是一个动态生成的过程,与前期状态相关,所以应用动态面板门槛模型度量两者关系。情绪交互因子也是基于门槛效应合成的分界函数。基于以上假设,将情绪交互因子 F_i 定义为:

$$S_{it} = a_0 + D_{it}\varphi_1 + q_{it}\varphi_2 + \delta(q_{it} - \gamma)1\{q_{it} \geq \gamma\} + \alpha_i + e_{it} \quad (3.46)$$
$$i = 1,\cdots,n; t = 1,\cdots,T$$

$$F_i = a_1 + D_{it}\varphi_1 + D_{it} \cdot S_{it} q_{it} \geq \gamma$$
$$F_i = a_2 + D_{it}\varphi_1 + q_{it}\varphi_2 + D_{it} \cdot S_{it} q_{it} < \gamma \quad (3.47)$$

动态面板门槛的估计采用 GMM(广义矩估计),Seo 和 Shin(2016)[119]曾采用此方法进行模型的估计。设计研究过程如下。

假设 T 是固定的样本容量,n 则可无穷大,通过一阶差分的形式将 α_i 截距项去掉,然后通过 GMM 的方法估计未知参数 φ_1,φ_2,γ,δ,具体而言,首先在滞后变量和外生变量中选取一个 1 维的工具变量(Z'_{it_0},$\cdots$,Z'_{iT})′,其中 $0 < t_0 < T$。

构造样本矩:

$$\bar{g}_n(\theta) = \bar{g}_{1n} - \bar{g}_{2n}(\gamma)(\varphi',\delta')' = \frac{1}{n}\sum_{i=1}^{n} g_{1i} - \frac{1}{n}\sum_{i=1}^{n} g_{2i}(\gamma)(\varphi',\delta')' \quad (3.48)$$

其中:

$$g_{1i} = \begin{pmatrix} Z_{it_0}\Delta S_{it_0} \\ \vdots \\ Z_{iT}\Delta S_{iT} \end{pmatrix}, \quad g_{2i}(\gamma) = \begin{pmatrix} Z_{it_0}(\Delta D'_{it_0}, 1_{it_0}(\gamma)'D_{it_0}) \\ \vdots \\ Z_{iT}(\Delta D'_{iT}, 1_{iT}(\gamma)'D_{iT}) \end{pmatrix} \quad (3.49)$$

其中 Δ 表示一阶差分。

$$D_{it} = \begin{pmatrix} (1, x'_{it}) \\ (1, x'_{i,t-1}) \end{pmatrix} 1_{it}(\gamma) = \begin{pmatrix} 1\{q_{it} > \gamma\} \\ -1\{q_{it-1} > \gamma\} \end{pmatrix} \quad (3.50)$$

引入权矩阵 W_n 为准则函数:

$$\bar{J}_n(\theta) = \bar{g}_n(\theta)' W_n \bar{g}_n(\theta) \tag{3.51}$$

生成最小的 GMM 估计值 $\hat{\theta}$，通过固定模型中的参数 γ 运用网格搜索的方法使模型变为线性固定效应模型，从而得到封闭解。

$$(\hat{\beta}(\gamma)', \hat{\delta}(\gamma)')' = (\bar{g}_{2n}(\gamma)' W_n \bar{g}_{2n}(\gamma))^{-1} \bar{g}_{2n}(\gamma)' W_n \bar{g}_{1n} \tag{3.52}$$

权矩阵 W_n 可变为：

$$W_n = \left(\frac{1}{n} \sum_{i=1}^{n} \hat{g}_i \hat{g}_i' - \frac{1}{n^2} \sum_{i=1}^{n} \hat{g}_i \sum_{i=1}^{n} \hat{g}_i' \right)^{-1} \tag{3.53}$$

其中，$\hat{g}_i = (\hat{\Delta} e_{it_0} Z'_{it_0}, \cdots, \hat{\Delta} e_{iT} Z'_{iT})$ 且 $\hat{\Delta} e_{it_0}$ 为第一步估计中的残差。Seo 和 Shin（2016）[112] 的研究表明，在满足约束条件下 GMM 估计值是近似正态分布的。

GMM 估计量是渐近正态的。具体地说，有：

$$\begin{bmatrix} \sqrt{n} \begin{pmatrix} \hat{\varphi} - \varphi_0 \\ \hat{\delta} - \delta_n \end{pmatrix} \\ n^{\frac{1}{2} - \alpha} (\hat{\gamma} - \gamma_0) \end{bmatrix} \xrightarrow{d} \mathcal{N}(0, (G' \Omega^{-1} G)^{-1}) \tag{3.54}$$

当 $G = (G_B, G_\delta(\gamma_0), G_\gamma(\gamma_0))$ 时，有：

$$G_{\varphi} \atop {\scriptstyle \iota \times k_1} = \begin{bmatrix} -E(Z_{it_0} \Delta D'_{it_0}) \\ \vdots \\ -E(Z_{iT} \Delta D'_{iT}) \end{bmatrix} \tag{3.55}$$

$$G_{\delta}(\gamma) \atop {\scriptstyle \iota \times (k_1+1)} = \begin{bmatrix} -E(Z_{it_0} 1_{it_0}(\gamma)' D_{it_0}) \\ \vdots \\ -E(Z_{iT} 1_{iT}(\gamma)' D_{iT}) \end{bmatrix} \tag{3.56}$$

且

$$G_{\gamma}(\gamma) \atop {\scriptstyle \iota \times 1} = \begin{bmatrix} \{ E_{t_0-1}[Z_{it_0}(1, D'_{it_0-1}) \mid \gamma] p_{t_0-1}(\gamma) - E_{t_0}[Z_{it_0}(1, D'_{it_0}) \mid \gamma] p_{t_0}(\gamma) \} \delta_0 \\ \vdots \\ \{ E_{T-1}[Z_{iT}(1, D'_{iT-1}) \mid \gamma] p_{T-1}(\gamma) - E_T[Z_{iT}(1, D'_{iT}) \mid \gamma] p_T(\gamma) \} \delta_0 \end{bmatrix}$$

$$\tag{3.57}$$

在给定条件期望 $E_t[\cdot|\gamma]$ 的情况下，$q_{it} = \gamma$，并且 $p_t(\cdot)$ 表示为 q_{it} 的密度函数。可以得出渐近方差的估计是无偏的。

$$\hat{\Omega}(\theta) = \frac{1}{n}\sum_{i=1}^{n} g_i(\theta) g_i(\theta)' - \frac{1}{n}\sum_{i=1}^{n} g_i(\theta) \frac{1}{n}\sum_{i=1}^{n} g_i(\theta)' \qquad (3.58)$$

当 $g_i(\theta) = g_{1i} + g_{2i}(\gamma)(\varphi'\delta')'$ 且：

$$\hat{G}_{\varphi} = \begin{pmatrix} -\frac{1}{n}\sum_{i=1}^{n} Z_{it_0}\Delta D'_{it_0} \\ \vdots \\ -\frac{1}{n}\sum_{i=1}^{n} Z_{iT}\Delta D'_{iT} \end{pmatrix}, \hat{G}_{\delta}(\gamma) = \begin{pmatrix} -\frac{1}{n}\sum_{i=1}^{n} Z_{it_0} 1_{it_0}(\gamma)' D_{it_0} \\ \vdots \\ -\frac{1}{n}\sum_{i=1}^{n} Z_{iT} 1_{iT}(\gamma)' D_{iT} \end{pmatrix} \qquad (3.59)$$

$$\hat{G}_{\gamma}(\theta) = \begin{cases} -\frac{1}{nh}\sum_{i=1}^{n} Z_{it_0}\left[(1,D'_{it_0-1})'K\left(\frac{\gamma-q_{it_0-1}}{h}\right) - (1,D'_{it_0})'K\left(\frac{\gamma-q_{it_0}}{h}\right)\right]\delta \\ \vdots \\ -\frac{1}{nh}\sum_{i=1}^{n} Z_{iT}\left[(1,D'_{iT-1})'K\left(\frac{\gamma-q_{iT-1}}{h}\right) - (1,D'_{iT})'K\left(\frac{\gamma-q_{iT}}{h}\right)\right]\delta \end{cases}$$

$$(3.60)$$

根据高斯法则，h 为核估计带宽，此时我们认为 $\theta = \hat{\theta}$。

当门槛值与核心变量相关且系数为 k 时，模型可表示为：

$$S_{it} = D_{it}\varphi + k(q_{it} - \gamma)1\{q_{it} > \gamma\} + \alpha_i + e_{it}, i=1,\cdots,n; t=1,\cdots,T \qquad (3.61)$$

Hidalgo（2019）[120]曾证明，即使是在模型存在立方根的情况之下，采用 GMM 估计方法仍然有效。此时 $G = (G_{\varphi}, G_k, G_{\gamma})$，$G_{\varphi}$ 求解仍与前面的过程一致。

$$G_k = \begin{pmatrix} EZ_{it_0}(q_{it_0}-\gamma_0)1\{q_{it_0}>\gamma_0\} - (q_{i,t_0-1}-\gamma_0)\{q_{i,t_0-1}>\gamma_0\} \\ \vdots \\ EZ_{iT}(q_{iT}-\gamma_0)1\{q_{iT}>\gamma_0\} - (q_{i,T-1}-\gamma_0)\{q_{i,T-1}>\gamma_0\} \end{pmatrix} \qquad (3.62)$$

$$G_{\gamma} = K_0 \begin{pmatrix} EZ_{it_0}(1\{q_{i,t_0-1}>\gamma_0\} - 1\{q_{i,t_0}>\gamma_0\}) \\ \vdots \\ EZ_{iT}(1\{q_{i,T-1}>\gamma_0\} - 1\{q_{iT}>\gamma_0\}) \end{pmatrix} \qquad (3.63)$$

此模型将采用 Bootstrap（自抽样）的方法来寻找门槛值。

二、加入情绪交互因子的行为资产定价模型

本部分选用了基于投资者异质性和市场反应的行为资产定价模型（HS）模型。HS 模型假设市场由两种有限理性投资者构成，分别是个体投资者和机构投资者。HS 模型的分析分为两个部分，只有机构投资者时价格对信息的反应稍慢，存在反应不足的现象，但是不存在反应过度的现象，t 时期的价格 P_t 为：

$$P_t = D_t + \frac{[(z-1)\varepsilon_{t+1} + (z-2)\varepsilon_{t+2} + \cdots + \varepsilon_{t+z-1}]}{z} - \theta Q \qquad (3.64)$$

其中，D_t 为 t 时期的股利，z 代表信息的传播速度，θ 是投资者的风险规避和 ε 的方差的函数，Q 为资产的供给。两类投资者都进入市场后，价格 P_t 可表示为：

$$P_t = D_t + \frac{[(z-1)\varepsilon_{t+1} + (z-2)\varepsilon_{t+2} + \cdots + \varepsilon_{t+z-1}]}{z} - Q + jA + F_i \sum_{i=1}^{j} \emptyset \Delta P_{t-i} \qquad (3.65)$$

其中 A 为常数，Ø 为弹性参数，j 代表两类投资者的投资序列，$jA + F_i \sum_{i=1}^{j} \emptyset \Delta P_{t-i}$ 代表后入投资者所能吸收的供给量，Ø 是惯性交易者的最优化形式，F_i 为情绪因子。HS 模型是基于投资者有限理性假设，与前面分析相呼应并且具有广泛的可信性，也与现实运行情况相吻合。由于信息的不对称，机构投资者掌握了更多的消息而个体投资者多处于跟风状态，与我国资本市场上频发的"羊群"现象、动量效应以及现象表现一致。

三、加入情绪交互因子的三因子资产定价模型

Fama 和 French（1993）[121] 提出的三因子模型。赵胜民等（2016）[122]

认为三因子模型更适合中国市场现状，模型的有效性与本国国情更为相关。美国学者 Sayim（2015）[123]认为投资者情绪对证券市场的波动的收益有显著的影响，因此应作为定价因子。Perez – Liston 等（2016）[124]实证了投资者情绪能够影响美国股票指数的波动性和收益率。邓学斌和高鲜（2019）[125]将投资者情绪作为定价因子加入三因素模型中，发现能够有效解释定价中的风险部分。为了多角度测算投资者情绪对资产定价的影响又加入了改进后的，即将情绪算子引入三因子模型中，将估计结果作为对比来进行相关解释。Cliff（2005）[52]也基于三因子模型建立了投资者情绪因子的资产定价模型来进行分析。Ho 和 Hung（2009）[139]在相关的研究中加入了投资者情绪因子、公司规模和账面市值比，以投资者情绪为条件信息，引入资产定价模型，增强了资产定价模型的效率，同时也通过证明发现投资者情绪确实对资本市场异象有重要解释作用。原模型表示如下：

$$R_i - r_f = a_i + b_i(R_m - r_f) + S_i^{SMB} + h_i^{HML} + \varepsilon_i \tag{3.66}$$

其中，$(R_m - r_f)$ 是市场组合中的超额收益；SMB 代表规模不同的股票组合收益的差异，即规模溢价；HML 是投资组合的价值差异，即价值溢价。学者 Jianan Liu 和 Robert 等（2019）[126]根据我国的国情和现实情况将 S_i^{SMB} 变量的样本数据调整为去掉市值最小的 30% 的公司来代表，h_i^{HML} 采用与我国现实情况较为相符的市盈率来进行后续研究，经实证表明与我国现实情形相符。根据我国市场上的现实情况，作了一些调整。

改进后的三因子模型为：

$$R_{it} - r_f = a_0 + a_1(R_{mt} - r_f) + a_2 SMB_t + a_3 HML_t + a_4 F_i + \varepsilon_i \tag{3.67}$$

其中，R_{it} 代表时刻的投资组合收益率，r_f 代表无风险收益率，R_{mt} 代表资产组合 t 时期的收益率；SMB_t 是规模平均收益率差额，HML_t 代表价值差异下的股票平均收益率的差值，F_i 是情绪交互因子。

本章小结

本章从随机动力系统的角度对投资者进入市场进行模拟，异质信念与投资者情绪的转变在市场中共存的情形，并从理论建模的角度利用行为金融学理论与经济学理论相结合的方式来研究异质信念下投资者情绪对资产定价的影响。由于我国金融市场发展迅速，因此在市场运行过程中金融异象也频发，投资者容易把一些噪音干扰信息当作交易信息导致资产误定价，根据异质信念影响下的投资者情绪变化对资产定价的影响程度不同的特点，构建了情绪交互因素，情绪交互因素是用异质信念和投资者情绪的动态关系来刻画两者之间的影响路径，并且在递归效用函数最大化的框架下对建立带情绪交互因子的行为资产定价模型进行研究。

通过研究分析得到以下结论：一是异质信念有长期与短期的差别，长期的异质信念较为稳定，发生转变需要突变点，放在市场上是需要发生大事件或者是一些事件的积聚，而短期异质信念则是受投资者情绪的驱动转变的系数更大一些；二是由投资者情绪所引起的，投资者资产需求越大股票价格的波动越大，因此投资者情绪与金融市场的流动性存在显著的正相关；三是投资者情绪能够加快股票价格泡沫的生成而异质信念的转变更能使投资者回归理性投资。

第四章

异质信念与投资者情绪交互
作用机理的仿真模拟

决定股票价格的关键因素在于投资者的效用和价格预期,因此本章建立了一个投资者情绪与异质信念交互作用下的系统动力学模型,能更加契合实际市场的运行状况。本章对异质信念与投资者情绪交互作用下的股票价格影响机理进行演绎和揭示,通过简化交易环境的模拟仿真揭示变量间的关系后,再后续进行真实市场的实证检验。以下将进行详细的研究和分析。

第一节 市场价格演绎仿真

一、参数设定

为了简化交易环境,特做出以下说明:市场上不需要交纳印花税等交易税,投资者获取信息不需要支付成本,市场上可供选择的资产只有不派发红利的股票和不生利息的现金,并且股票只代表风险资产。

假定市场中存在按理性程度区分的理性投资者、有限理性投资者和非理性投资者三种类型投资者。总数为 M（M = 3N，N 为正整数），按照假定,理性投资者能够从宏观、中观和微观中分析出有用信息并进行有效投资；非理性投资者在处于信息环境中，存在预期偏差问题，无法做出正确决策；有限理性投资者能够参考理性投资者的外部行为表现进行投资，但是有时会在非理性投资者的冲击下改变策略。

模型初始条件假定：各类的每位投资者手中都持有相同数量的现金和股票，其中现金 W = 200000 元，股票数为 V = 2000，价格 P = 100 元/股。假定投资者每次的交易数量均为 1，价格服从供需理论，卖出大于买入，价格下跌，反之上涨。

市场信息随机生成，服从正态分布，三类投资者对于信息的接受度不同，分为 X_1、X_2、X_3。X_1 代表理性投资者能够做出正确决策，$X_2 = \{0, 0.1, 0.3, 0.5, 0.7, 0.9\}$ 表示非理性投资者对信息做出的正确决策的概率集，$X_3 = \{1, 0.1\}$ 代表有限理性投资者对信息做出正确决策的概率集，1 代表跟随理性投资者，0.1 代表跟风非理性投资者。假定有限理性投资者是市场的中坚力量，在极端情况下会发生改变，或转为理性投资者或转为非理性投资者。

二、仿真结果分析

依据现实条件下进行设定，我国目前投资者中有限理性的居多，因此，假定非理性投资者 FP = 10，理性投资者 LP = 10，有限理性投资者为 YP = 60，仿真步总数 B = 4000。假定在某个阶段，包含股指的上涨下跌阶段，均呈现 3 倍的波动幅度，当然根据现实情况，这个假定也是合理的设定。采用 MATLAB 软件进行相关模拟。

（一）股市趋势分析

从图 4.1 可看出，仿真图与现实图相一致，假定 1 个步长值等于 1 天，那么相当于 4000 个交易日，8 年左右的日交易情况，结果可大致分为：上涨阶段→整理阶段→下跌阶段→下跌整理阶段,类似于我国近几年的牛市转熊市的时期,说明市场的模拟仿真基本有效,价格最高可升到 290 元左右,最低可降到 41 元。

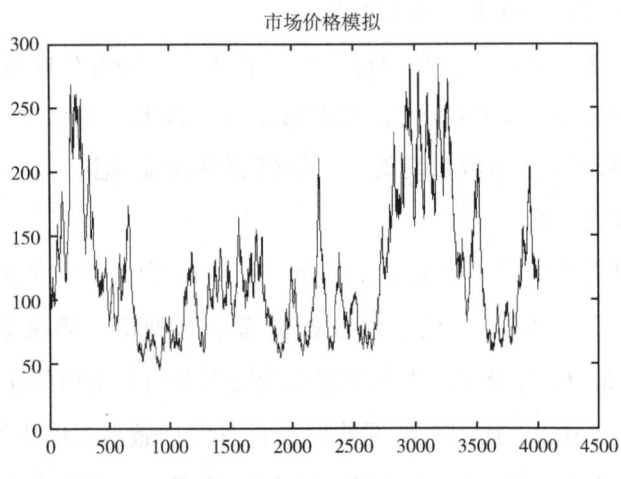

图 4.1　市场指数仿真模拟（B = 4000）

根据价格指数取对数,得到收益率,结果如图 4.2 所示。

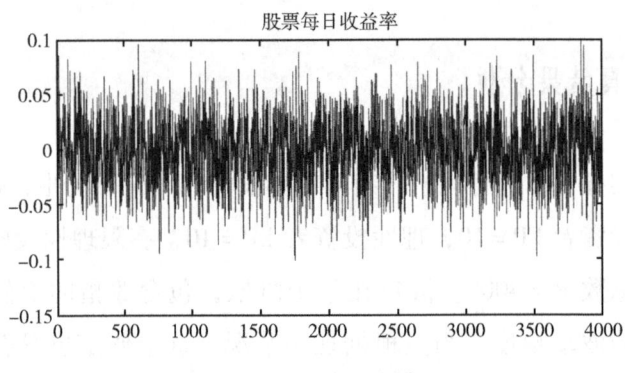

图 4.2　收益率仿真模拟

股价变动直方图如图 4.3 所示,基本体现出了尖锋厚尾的特征,符合价格波动的特性。

对价格的仿真数据进行描述性统计,可以看出价格明显呈尖峰厚尾的形式分布,有向右偏的趋势,与我国实际的情况相符,如表 4.1 所示。从

图 4.1 也可以看出，整个价格指数的波动与我国实际的阶段性波动相吻合，从前面约 800 个步数内呈现牛市的上涨阶段，后续步数 1200 后进入调整阶段，步数 2300 时又进入了小牛市，之后步数 2700 时处于下跌的熊市时期。

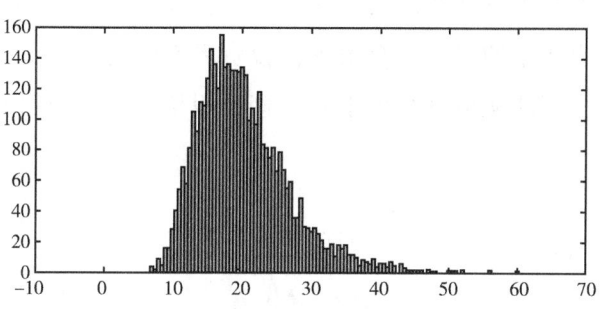

图 4.3　价格分布仿真直方图

表 4.1　　　　　　　　　价格变动的描述性统计

均值	115.74
中位数	103.21
最大值	281.33
最小值	41.52
偏度	0.0912
峰度	8.763
观察值	4000

（二）三类投资者的持仓变动分析

根据前面分析，投资者会根据市场价格来进行投资变动，原假定三类投资者均持有 2000 只股票和 20 万元现金。三类投资者持仓量变动情况和手中所持现金变动量如图 4.4 和图 4.5 所示。

三类投资者的平均现金量变化轨迹，如图 4.5 所示。

理性投资者的现金量在持续增加，有限理性投资者的现金持有量处于不断减少的变化中，最终保持在持有量为 0 的状态上，而非理性投资者表现出与理性投资者现金持有量相同的变化趋势，甚至最终持有现金多于理性投资者，与现实情况不符，现实中由于投资者受到宏观经济因素和微观信息冲击的影响，非理性投资者常不能在噪声交易中获得超额利润，而更多的情况是股票被套牢或者割肉退出的现象，在模拟中市场环境相对简单，不考虑交易成本和投资替代品的影响，同时信息是充分的，非理性投资者能够做出更多更频繁的交易，有限理性投资者有时也会受到影响而转化为非理性投资者，因此从最终结果来看非理性投资者是与理性投资者处于一样的状态。

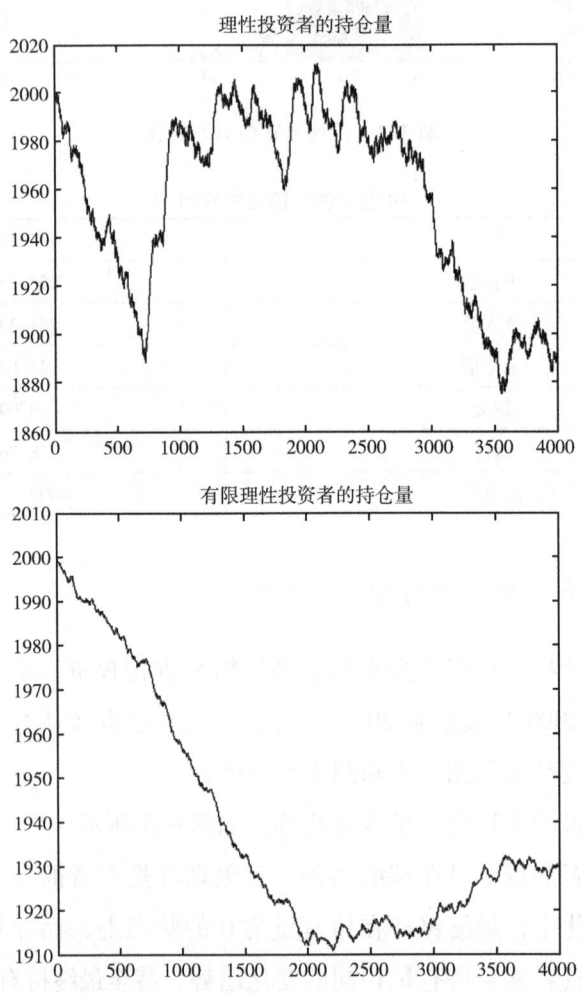

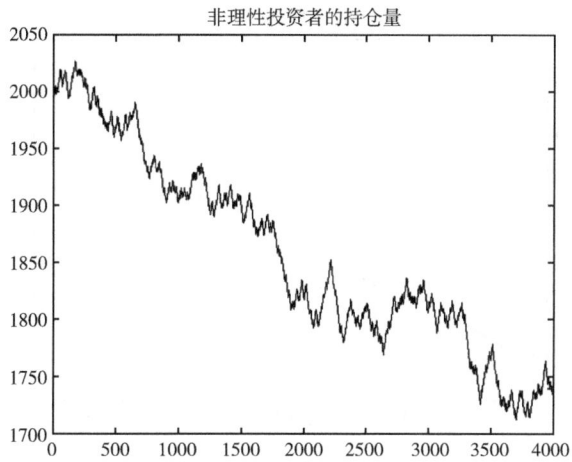

图 4.4 三类投资者持仓量变化

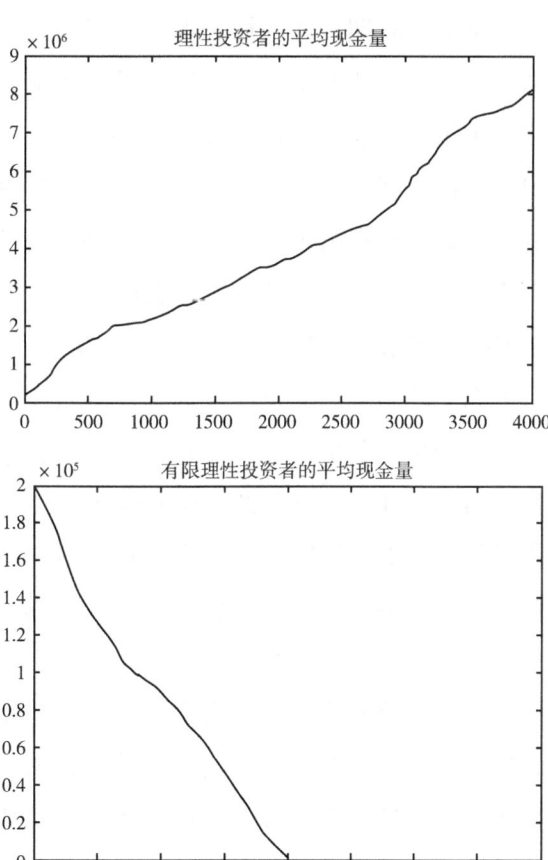

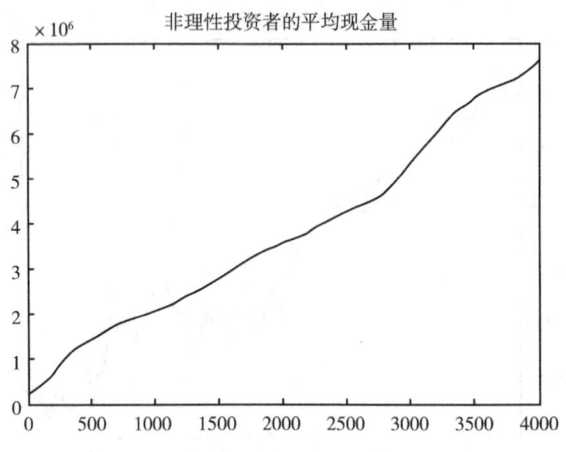

图 4.5 三类投资者现金量变化

在第一阶段，价格上涨时期，理性投资者能够跟随股市的波动调整持仓量，在牛市顶部阶段持仓量达到最大；非理性投资者由于信息噪声的干扰并不能做出正确的决策，持仓量与市场波动趋势不一致，显然是做出了错误的研判；有限理性投资者容易受到非理性投资者和理性投资者的行为影响，做出错误的判断，可见有限理性投资者在一部分时期内，特别是市场情绪高涨的时期跟随情绪的波动与理性投资者的预期产生了分歧（异质信念），导致没能跟随市场的趋势做出正确的行为决策。

在第二阶段，市场下跌趋势中，理性投资者没有跟随市场趋势减少持仓量，而是在不断调整仓位，并维持在一个较高的水平。非理性投资者则在不断减少持仓量，而有限理性投资者也在减少持有量，坚决地进行抛售。可见，非理性投资者的情绪能够影响到有限理性投资者和理性投资者的情绪，能够影响他们对于价格的预期，进而影响价格的波动，也影响了股票的定价。

在第三阶段，市场的调整阶段，三类投资者均出于情绪的惯性，对价格产生悲观情绪，持仓量在持续减少中，卖出的数量在增加，进一步拉低了价格，形成了更悲观的预期，因此大部分投资者在此时选择保持观望状态，可以看到他们手中所持的现金在增加。

在第四阶段，市场又迎来了一个小高潮，但是有限理性投资者之前一直处于观望中，市场情绪起伏不定，并没有卖出股票行为，现金用来加仓。理性投资者、非理性投资者和有限理性投资者产生了明显的异质信念，理性投资者的行为与非理性投资者的行为不一致，理性投资者更能贴合市场趋势，做出买进的行为，非理性投资者的行为表现得更为活跃一些。由此可见，投资者在异质信念发生转变时，投资者情绪的波动更剧烈一些。

在整个模拟过程中，价格最终回到113.54元，三类投资者的收益率分别为82.31%（理性投资者）、71.31%（有限理性投资者）和33.41%（非理性投资者），理性投资者收益高于其他两类投资者，在情绪的推动作用下，投资者都获得了正向的收益。

三、仿真模拟的敏感度分析

（一）三类投资者结构分析

将模型条件进行调整，各类投资者的数量重新构建，将有限理性投资者减少到10人，得到仿真结果如图4.6所示，与图4.1相比，有限理性投资者的数量减少后，市场波动剧烈，市场趋势更加难以把握，日内价格振幅很大，可见投资者的异质信念相差很大，投资者情绪占据主动，由此可

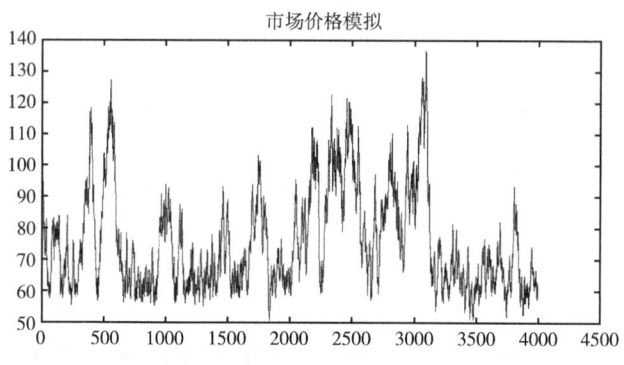

图4.6 有限理性投资者减少后的价格指数

见，有限理性投资者占据了市场中的重要地位，有限理性投资者作为市场中情绪的缓冲，有一定的分流作用。当投资者异质信念较大时，有限理性投资者的观望态度能够降低投资者情绪的波动幅度，同时也能够推动投资者情绪的发展，对投资者情绪有一定的抑制作用。

（二）情绪在市场中的作用分析

非理性投资者在模型设定中减少到2，得到价格指数的仿真结果如图4.7所示，与图4.1相比，非理性投资者数据减少之后，市场价格最高为270元左右，投资者趋于理性时市场价格的日波动幅度较非理性投资者多时的振幅要小很多，但是在理性投资者的驱动下价格指数也呈现出涨跌的转换，在后期价格直线下跌后，市场崩溃。由此可见，非理性投资者尽管会推高价格泡沫，制造了很多交易噪声，但是从另一角度来说，非理性投资者的情绪能促进投资行为的转换，加快市场的资金流动性，如果市场中缺少投资者情绪，那么市场价格可真实反映信息，价格波动可以预测，导致市场流动性变差。

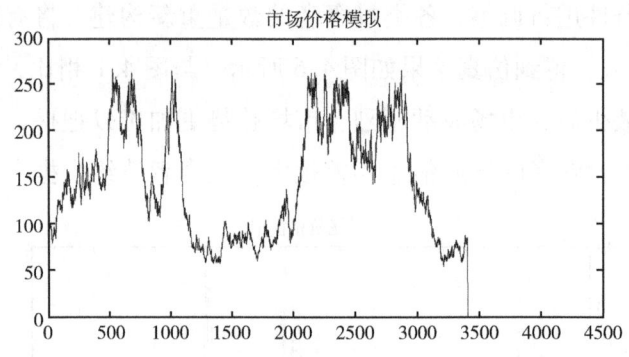

图4.7　非理性投资者减少后的价格指数

因此从以上分析中可知，市场价格对于非理性投资者和有限理性投资者的数量变化敏感程度也很高，市场上并非存在理性投资者数量越多越好，也不是非理性投资者越多越好，实际上不同类型的投资者在市场交易的演绎中会自发地调整结构，最终达到一个相对均衡的状态，但是投资者的理性程度是如何在市场中进行演化的呢？他们的财富状况是否能达到预期效果？因此应进行第二节的投资者结构的动态演变仿真模拟来进行研究。

第二节 投资者在市场中的动态均衡演绎

无论是哪一种类型的投资者，在参与市场投资时都不会一直保持着最初的状态到最后退出市场交易，投资者在与市场博弈的过程中会接受社会环境所提供的信息，也会通过自身的学习提高投资方面的素养。另外，投资者也会受到其他投资者或者投资机构决策的影响，综合自己的信息而生成不一致的投资者情绪，进而产生异质信念，从而投资者的内部结构也会发生调整，也就是说，非理性投资者和有限理性投资者有可能会发生转化，投资者的信念转变重新构建了投资者的理性程度，因此本节将应用随机动态系统来进行投资者相互转变演绎的仿真模拟。

一、理性投资者、有限理性投资者和非理性投资者的随机动态演化

依据前面的分析可知，投资者并非完全理性，而基于情绪因素的影响程度不同理性程度也不同，但是投资者的理性程度很难精确，存在一定的模糊性，因此利用异质信念与投资者情绪交互作用，投资者可与对应情绪交互因素的分区间分成：理性投资者、有限理性投资者和非理性投资者。以此来对投资者的类型进行量化研究，对应投资者的理性程度，投资者按理性程度划分为三类，进而通过随机动力系统模型来进行投资者进入市场的动态演化，因模型的解析解较难得出，采用仿真的处理方法对投资者的投资演化路径进行演绎和模拟，对随机动态模型做了离散处理，可得：

$$\begin{cases} \xi_{t+1} = \xi_t + \left[(r_m + w_x)\xi_t + (\theta_1 + w_x)\varphi_t + (\theta_2 + w_x)\psi_t \right] \Delta t + \xi_t \sigma_x \sqrt{\Delta t} \varepsilon_{1t} \\ \varphi_{t+1} = \varphi_t + \left[w_y \xi_t + (r_m - \theta_1 + w_y)\varphi_t + (r_m - \theta_1 + w_y)\psi_t \right] \Delta t + \varphi_t \sigma_y \sqrt{\Delta t} \varepsilon_{2t} \\ \psi_{t+1} = \psi_t + \left[w_z \xi_t + (r_m - \theta_1 - \theta_2 + w_z)\varphi_t + (r_m - \theta_1 - \theta_2 + w_z)\psi_t \right] \Delta t + \psi_t \sigma_y \sqrt{\Delta t} \varepsilon_{3t} \end{cases}$$

(4.1)

据式（4.1），设定模型初始值和相关参数，并取 2014 年 4 月到 2018 年 12 月共 1192 个交易日，设 $r_m = 0.02$，$\theta_1 = 0.0001$，$w_x = 0.00005$，$w_y = 0.00006$，$w_z = 0.00004$，$\xi_0 = 0.2$，$\varphi_0 = 0.5$，$\psi_0 = 0.3$，$\sigma_x = 0.00001$，$\sigma_y = 0.00001$，$\sigma_z = 0.00001$。

选用 Matlab 软件进行相关操作，模拟仿真结果如图 4.8 所示。

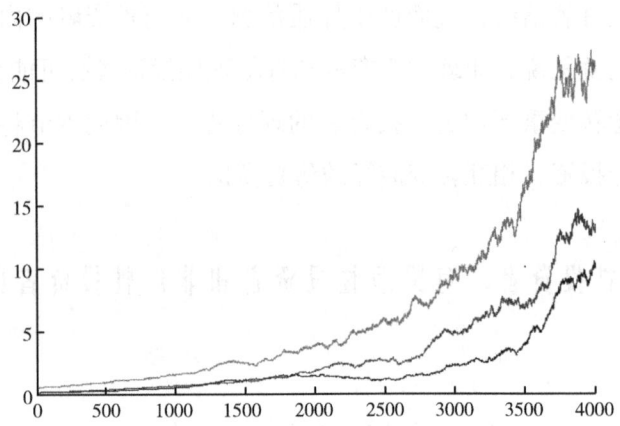

图 4.8 理性投资者、有限理性投资者和非理性投资者的市场动态随机演化路径

图 4.8 中三条曲线分别代表非理性投资者、有限理性投资者和理性投资者的手中资金总额，深色实线是非理性投资者的财富变动轨迹，可以看出在市场交易中随着时间的增长，总体上看三类投资者的财富均呈现出增长的状态，但是非理性投资者的财富增长更具备波动性，财富的增长既能较其他投资者更快增加，也能较其他投资者更快减少，因此可以看出非理性因素的驱动作用，投资者基于非理性情绪的作用下，做出冲动的投资决策，使投资者的财富变化幅度很大，处于很大的高风险投资环境下。而理

性投资者则基于理性的投资策略,财富变化较为平稳,更能体现出理性投资者在异质信念稳定下投资者情绪的波动较小,能够维持很大的平稳收益。从图4.8中可以看出,非理性投资者、有限理性投资者和理性投资者之间在市场上能够达到均衡,长期并存。非理性投资者对于股市整体波动的贡献率较大,在价格与市场行情中非理性情绪也是资产泡沫的主要来源。有限理性投资者在理性投资者与非理性投资之间起到了一个隔离的作用,对于非理性情绪高涨的时间区间,有限理性投资者也跟随股市波动的起伏呈现出了一定的克制作用,因此在现实市场中有限理性投资者也占据了一定的比例,在情绪达不到一定的极值时,保持相对的理性,在情绪达到极值后就转变为非理性投资者。三类投资者在市场中1000多个交易日的变化轨迹说明,非理性投资者更能积累较大的财富,高利润必然带来高风险,同时也造成了部分非理性投资者追逐超额利润所来的市场非理性波动。理性投资者的财富增长较为稳定,也说明了风险与收益的相对稳定性,执行价值投资的投资者收益较为缓慢,也从侧面说明了我国股市是易受政策冲击和信息冲击的股市,众多价值投资者的投资策略的收益明显不如信息导向下的投资者,因此我国股市被称为"政策市"由此也是可见一斑。

二、理性投资者、有限理性投资者和非理性投资者随机演化的动态均衡

应用随机动态系统求期望值的方法[127],对构建的模型进行多次仿真,之后对模型的仿真值求均值并用来估计模型变量的期望值,经过多次的仿真后,得到理性投资者、有限理性投资者和非理性投资者的期望值,并对三类投资者的市场份额的占比进行模拟,如图4.9所示。

从图4.9可知,在连续时间的区间内,非理性投资者的市场份额占比呈现出逐渐下降的趋势,且出现递减的趋势;有限理性投资者和理性投资者的市场份额占比则呈现出比较平稳的变化趋势。由此可知,有限理性投

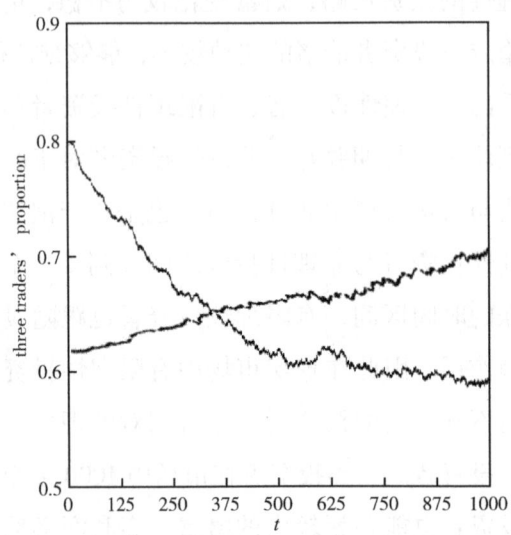

图 4.9　有限理性投资者和非理性投资者的市场占比变化轨迹

资者与非理性投资者这两类投资者在市场上并不会消失，而是保持在一个稳定状态下的均衡数目，理性投资者占据市场的主要位置，非理性投资者与理性投资者也分别占据了不可忽略的地位，有限理性投资者也表现出了情绪变动的两面性，异质信念转变下有限理性投资者可转变为理性投资者或非理性投资者，两者数量大致相当，但是在投资者情绪波动剧烈的时期，有限理性投资者更趋向于非理性投资者的转变。因此，在投资者进行投资时，市场情绪会主导投资者的决策行为，但是无论在何种情绪区间，理性投资者、有限理性投资者和非理性投资者均能最后调整到均衡状态，只是某些状态下与市场收益期望的方差较大，造成市场情绪的急剧转变与有限理性和非理性投资者的跟风行为，可以对我国股市的"羊群"行为以及同涨同跌现象做出合理的解释。

投资者的非理性程度与市场的波动情况显著相关，投资者情绪促进投资者非理性程度的变化，以及异质信念的改变会对投资者的理性程度发生质的飞跃，从理性转变为非理性或者从非理性达到理性，这些跨越式的转变造成了我国股市剧烈波动的表象，形成了股市的暴涨急跌和板块轮动等。

在投资者的行为决策上，投资者情绪是驱动投资者转变的重要因素，也容易造成股市价格的粘性与非随机性，因此造成投资者理性程度差异的投资者情绪与异质信念是对股市资产定价研究中不可忽略的重要因素。美国、日本股市能够长期处于牛市，既与投资者的结构有关，也与股市的监管制度相关，我国应从投资者的理性角度进行剖析从而完善适合中国投资者的相关制度与政策。

本章小结

本章通过随机动力系统模拟仿真建模，将市场价格波动进行了演绎，同时也将理性投资者、非理性投资者以及有限理性投资者在市场中的作用进行了揭示，在市场中三类投资者能够并存，并在动态演化中能够达到均衡状态。资本市场的发展既做不到完全理性也不会出现完全的非理性情绪蔓延，投资者情绪与异质信念能够推动市场的发展，在一定程度上能够增强市场的流动性，促进资金的流动。投资者情绪和异质信念的转变会导致投资者的结构也发生变化，非理性投资者和有限理性投资者在市场上始终占有一定的比例，虽然异质信念的转变会使一部分投资者的理性程度发生偏离，但是不会使非理性投资者消失，同时投资者也不会因情绪的高涨而导致理性投资者全部转变为非理性投资者。因此，仿真结果支持假设1与假设2，异质信念与投资者情绪存在交互作用，且存在突变点。

理性投资者能够减缓股市的波动，非理性投资者能够加大市场的流动性，从市场功能方面来看，两者起到相辅相成的作用，正如之前模拟结果显示，如果投资者全部趋于理性，那么市场信息对于价格的作用是立刻凸显的，价格会产生不连续的现象，交易可能会停滞，市场会有流动性风险增大的可能性；如果投资者更多地趋向于情绪投资，那么市场也会出现情绪传染加快的问题，导致价格与价值背离程度较高，形成价格泡沫，容易产生系统性风险。综上所述，投资者的结构是动态变化的，只要投资者的结构合理，且一直有一个动态的转变过程，只要多加关注，市场交易仍能有序地稳定进行。可见，模拟仿真结果支持假设3，投资者在结构上能够通过系统内部的调整达到短期均衡。

第五章

异质信念与投资者情绪交互作用的实证检验

从第四章的分析中可以得出,投资者的理性程度是一个动态变化的过程,影响投资者理性程度的影响因素主要可归为异质信念和投资者情绪,异质信念是投资者发生理性逆转的主要影响因素,而引发异质信念转换的主要内因就是投资者情绪,从仿真结果来看,异质信念的转变也就是投资者的理性程度又会反过来对投资者情绪产生影响,形成一个闭环反应,同时又是一个动态相关的过程。在一环扣一环的交互影响中,投资者完成了自身的成长,市场也通过价格泡沫的形成与释放不断向上发展。本章基于第二章的理论分析,进行异质信念与投资者情绪关系的实证检验。由于第四章中将交易环境简化,构造了一个没有印花税没有交易成本的环境,而现实的市场环境中并非如此,不但存在交易成本也存在信息成本、系统性风险以及其他证券替代品。因此应将现实市场中的影响因素考虑到研究中去,以考察两者之间的真实关系是否与仿真的结果一致。

第一节 异质信念与投资者情绪测度指标的构建

异质信念与投资者情绪的测量是研究的重点,两者数据想要直接获取比较困难，大多学者都采取间接的方式来构建测度指标。有的学者采用间接指标来构建测度体系，如从交易数据或其他宏观经济运行指标中提取；也有的学者采用文本识别的方法，通过在各大社交论坛和社交软件上收集投资者的语气词和一些敏感词的使用频率等方法来量化两者。本章通过交易数据来构建评测指标，提取相关的交易情绪来进行后续研究。为了减少测量误差、提高计算精度，将异质信念和投资者按行业板块进行分类，分类标准如表 5.1 所示。

表 5.1　　行业板块分类

序号	行业板块
1	半导体与半导体生产设备
2	保险 Ⅱ
3	材料 Ⅱ
4	电信服务 Ⅱ
5	多元金融
6	房地产 Ⅱ
7	公用事业
8	技术硬件与设备
9	家庭与个人用品
10	零售业
11	媒体 Ⅱ
12	耐用消费品与服装
13	能源 Ⅱ
14	汽车与汽车零部件
15	软件与服务
16	商业和专业服务
17	食品、饮料与烟草
18	食品与主要用品零售 Ⅱ
19	消费者服务 Ⅱ
20	医疗保健设备与服务

续表

序号	行业板块
21	银行
22	运输
23	制药、生物科技与生命科学
24	资本货物

一、异质信念指标体系

从第三章的理论分析及模型推导中可以看出，在异质信念和投资者情绪的相互作用下股票价格发生偏移，在递归效用函数下可知投资者的行为取决于上一期行为因素或者说是情绪因子，Allen（2006）[128]和Banerjee（2009）[129]等都认为价格会因异质信念或投资者情绪的影响而与在无摩擦环境下推导出的均衡价格发生偏移，偏移的距离与异质信念或投资者情绪的乐观与悲观的程度相关。也有学者指出，在卖空限制下，投资者基于异质信念和投资者情绪的高涨与否而产生投机行为进而造成股票换手率异常高升和股份的攀升产生价格泡沫。我国股市自成立以来有着严格的卖空限制，直到2010年才逐渐开放一些试点，但是直到现在我国股市的卖空限制依然存在，因为对于卖空的规定是十分严格的，绝大多数投资者达不到要求，并且纵观我国股市相关数据卖空所占的市场交易量的比例微乎其微，所以从严格意义上来讲我国股市仍然存在较强的卖空限制。

根据学术界关于异质信念的研究发现，衡量异质信念的代理指标大致有以下几种：

（1）股票收益的波动率。Boehme（2006）[130]、Gao（2006）[131]等均认为超额收益的波动率可以作为异质信念的代理指标。

（2）换手率。最早从Miller（1977）[40]开始采用换手率来衡量异质信念（意见分歧），之后Harris、Garfikel、Hong等人通过采用改进了的换手率的方法来进行异质信念的衡量。

（3）买卖差价。最早由 Verrecchia 在 1994 年应用，之后 Handa 等 (2003)[75] 也应用了此方法。

（4）委托订单。根据受委托的订单数据为代理指标度量异质信念的方法，此方法是由 Hollofield 等人提出的。

（5）分析师预测指标。更多文献研究表明，此代理指标是目前采用较为广泛的方法，其实证结果也较为接近实际符合对实证结果的预期。

对于异质信念的度量，依据前人 Verardo 等人的研究经验进行了改进，采用按股市板块分类的分析师预测分歧度来度量，按行业类别分为 24 个板块，数据来源于国泰安数据库。

依据第三章的分析，分析师预测偏差定义如下：

$$Bbi_{i,t} = \frac{BEP_{i,t} - KEP_{i,n}}{|KEP_{i,t}|} \tag{5.1}$$

$$BEP_{i,t} = \frac{\sum BEP_{k,t}}{N} \tag{5.2}$$

其中，$Bbi_{i,t}$ 表示分析师在 t 时间上对某板块 i 收益预测的偏差率，N 为分析师数量，$BEP_{i,t}$ 表示分析师在 t 时间对板块 i 的一致性预测（以均值表示），即板块 i 在 t 时间上的收益预测平均值，$BEP_{i,n}$ 则代表板块 i 的真实收益率。

因为分析师是具备专业知识和专业素养的团队，预测结果是综合多人结论，能反映市场情绪变化，但不能代表理性，常常会有主观判断在内，为更准确地度量分析师的异质信念以及消除预测水平的波动性，采取了板块分类的方式，以此来去除随机干扰特别是非系统性风险，同时为了避免与投资者情绪代理指标选取重复数据而产生共线性和内生性，选择分析师预测偏差为异质信念指标：

$$AD_t = \frac{\sum_i CST_{i,t} \cdot AD_{i,t}}{\sum_i CST_{i,t}} \tag{5.3}$$

$$AD_{i,t} = \frac{SEP_{i,t}}{BEP_{i,t}} \tag{5.4}$$

$$SEP_{i,t} = \sqrt{\frac{\sum(BEP_{h,t} - BEP_{i,t})^2}{N-1}} \tag{5.5}$$

其中，$BEP_{k,t}$ 为 t 时间 k 分析师对板块 i 的预测值，$BEP_{i,t}$ 为分析师在 t 时间对板块 i 的一致性预测为均值，$SEP_{i,t}$ 为预测标准差，$AD_{i,t}$ 为分析师预测分歧，$\sum_i CST_{i,t}$ 为时间 t 期末的流通总股本，$\sum_i CST_{i,t} \cdot AD_{i,t}$ 为流通总股本加权下的分析师预测分歧。

选取 2014 年 4 月到 2018 年 12 月的分析师数据来做实证分析，数据来源于国泰安数据库，剔除不完整信息的记录后，经过筛选后得到有效的预测数据为 119112 条，再按行业板块的标准进行分类整理，板块内的数据进行标准化处理，形成与投资者情绪对应的面板数据，数据文件为 Excel 文件，模型分析采用 Stata 和 R 言语软件。

分析师预测分歧数据与市场交易数据相互独立，同时与投资者情绪测度指标也具有一定的独立性，在后续的研究中能够较好地避免内生性，分析师依据其自身的专业优势和环境优势，相比普通的个体投资者更了解市场、行业发展及板块前景，能做出专业的判断及预测，因此预测结果具有稳定性，更符合异质信念具有长期性的特征。另外，分析师报告的应用范围较为广泛，在许多公司的估值模型中也大多采用分析师分析报告中公布的预测数据，因而分析师预测数据从某种角度上来说也具有一定的权威性。

从表 5.2 和图 5.1 中可以看出，分析师预测分歧在不同的板块呈现不同的分布，离差较大，意见分歧较大的是 15 板块软件与服务板块、运输、房地产板块、食品饮料板块、耐用消费品板块等，意见分歧较小的是半导体板块、医药类板块以及消费者服务等板块。与我国市场的表现相符，由于我国房地产行业在样本期间涨幅较大，在股市上肯定也是被重点关注的对象，新兴的产业如软件科技类、运输类也是关注的重点，因此在预测时分歧较大。从图 5.2 中可看出，分析师预测与真实情况存在偏差，且根据图形与数值判断 Fbi 的均值与中位数均位于 0 以上，所以可以得出分析师预测值与真实值存在正向的偏差，称其为乐观偏差。

表 5.2　　分析师预测分歧数据描述性统计（按板块分类）

板块	数量	均值	标准差	最小值	最大值
1	901	0.143	1.232	-4.39	12.42
2	458	0.337	1.902	-4.84	18.99
3	1322	0.305	1.869	-24.628	22.19
4	283	0.251	2.489	-19	20.43
5	923	0.019	1.695	-24.65	19.2
6	1144	0.39	2.645	-10.24	38.63
7	807	0.148	1.716	-23.485	21.12
8	1263	0.602	9.236	-18.702	318.242
9	301	0.098	1.737	-9.805	13.37
10	872	0.193	2.07	-6.87	37.66
11	1013	0.364	3.338	-19.77	74.71
12	1241	0.399	6.174	-74.63	177.653
14	1147	0.442	6.485	-57.23	204.035
15	1232	0.749	13.611	-39.907	424.755
16	1105	0.323	3.013	-13	74.505
17	1265	0.335	2.198	-7.307	39.52
18	715	0.219	2.178	-11.25	27.277
19	1098	0.26	3.467	-40.28	74.5
20	972	0.188	1.896	-25.94	26
21	895	0.315	2.796	-19	46
22	1037	0.319	6.133	-39	156
23	1220	0.176	1.375	-10.16	18.5
24	1342	0.398	3.234	-40.655	54.67

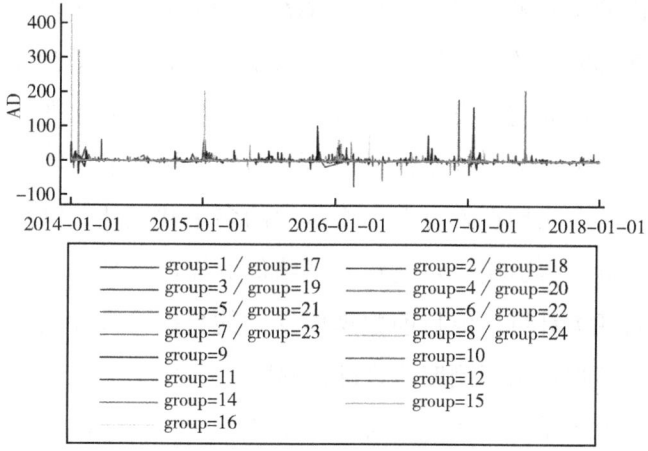

图 5.1 分析师预测偏差波动

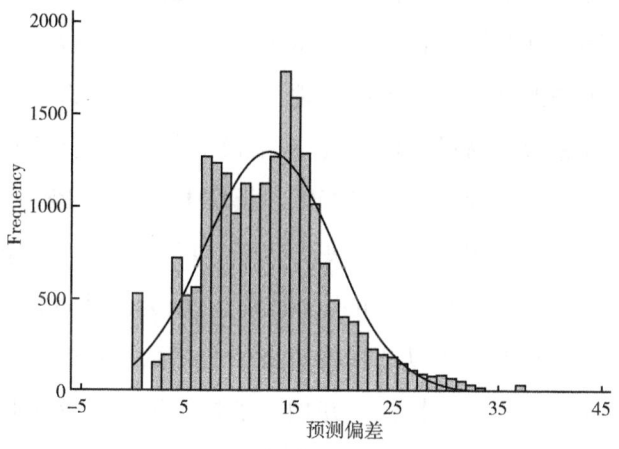

图 5.2 分析师预测偏差

二、投资者情绪指标体系

在投资者情绪综合指标的编制上,大部分采用主成分分析法。Baker 和 Wurgler(2006)[50]等选用消费者信心指数、新增投资者户数、交易量、IPO 及 IPO 上市首日收益率等为基础再剔除各种影响后构建投资者情绪综合指数;易志高和茅宁(2009)[86]也采用 5 个主成分的加权平均的方法来构建。也有部分学者采用构建投资者情绪指标时利用偏最小二乘法（PLS）构建，王镇和郝刚（2014）[107]选用了偏最小二乘法构建了投资者情绪综合指标。借鉴了王镇的构建投资者情绪的方法，对各个指标进行了偏最小二乘法分析，最大限度地提取投资者情绪的信息，提高了后续模型运算的精度。偏最小二乘方法旨在解决多个变量间的多重共线性，以及变量间隐含的相关关系，同时也适用于对投资者情绪值的提取和预测。因为研究采用日度数据进行相关计算，但目前数据库提供的数据为月度数据，所以需要构建日度投资者情绪指标测度体系进行提取。

在结合并改进了前人的研究基础上构建了投资者情绪指标测度体系，股票市场上的同涨同跌以及板块轮动现象突出，因此以板块为基准对投资者情绪进行研究；在前期对于投资者情绪的研究多选取月度数据进行测度和提取，但是随着互联网的普及，信息传播速度加快，投资者情绪的变化也进一步随之加快波动，为了更准确地反映情绪变化，选取日度数据进行后续研究，选择板块交易量（PTU）、新增投资者开户数（NEW）、投资者信心指数（DCI）、板块换手率（PTV）、板块 Beta 值（PB）、板块涨跌幅（PCH）、板块收益率（PRE）、板块波动率（PVO）作为源指标并进行数据预处理（以上数据均来源于 Wind 数据库）。因为消费者信心指数并不能全面反映投资者的状况，所以选用投资者信心指数；目前 IPO 已成常态且已改变规则，所以舍去这个指标，并加入了板块涨跌幅这个指标来构建投资者综合情绪指数。另外，因为我国股市有涨跌幅限制，原始数据并不能完全反映市场的真正变化，所以首先对原始数据用 HP 滤波剔除了经济周期的影响再对板块换手率（PTV）、板块成交量（PTU）、板块涨跌幅（PCH）等指标都进行了变化率的处理，通过变化率的方式就能反映股市真实的情绪变化。因为投资者情绪具有滞后的特性，所以选取预处理后的这 8 个指标及其滞后一期做偏最小二乘分析。

根据第三章的表述偏最小二乘法构建的情绪指数表达式：

$$S_i = Y_i V_N Y_i' V_T U_i (U_i' V_T Y_i V_N Y_i' V_T U_i)^{-1} U_i' V_T U_i \tag{5.6}$$

其中，S_i 用来表示偏最小二乘计算出的板块投资者情绪综合指数，Y_i 用来表示板块投资者情绪代理变量所组成的阶矩阵，因为投资者情绪对板块收益影响具有滞后性，所以选取的指标均含有当期指标和滞后一期的指标，$Y_i = (y'_{i1}, y'_{i2}, \cdots, y'_{it})'$，N 为板块情绪变量指标的个数，$U_i$ 为板块收益，$U_i = (U_{i1}, U_{i2}, \cdots, U_{iT})'$，$V_T$ 为转换矩阵，将各代理指标代入式（5.6）中得到结果可简化为：

$$S_i = \alpha Y \tag{5.7}$$

各板块综合情绪指数与各代理指标的相关关系估计结果如表5.3所示。

表5.3　各板块综合情绪指数与代理指标的相关关系

指标\板块	PRE⁻¹	PB⁻¹	PTU⁻¹	PTV⁻¹	PVD⁻¹	NEW⁻¹	DCI⁻¹	PCH⁻¹	PB	PTU	PTV	PVD	NEW	DCI	PCH
1	-	+	-	-	-	-	-	+	+	+	+	-	+	+	+
2	-	+	+	-	+	-	-	-	-	+	+	-	+	+	-
3	-	+	+	-	+	-	-	+	+	+	+	-	+	+	+
4	-	-	+	-	-	-	-	+	+	+	+	-	+	+	+
5	-	+	+	-	-	-	-	-	+	+	+	-	+	+	+
6	-	+	+	-	-	-	+	-	+	+	+	-	+	-	+
7	-	+	+	-	-	-	-	-	-	+	+	-	+	+	+
8	-	+	+	-	+	-	-	-	-	+	+	-	+	+	+
9	-	+	+	-	+	-	-	-	+	+	+	-	+	+	+
10	-	+	+	-	-	-	-	-	+	+	+	-	+	+	+
11	-	+	+	-	-	-	-	-	-	+	+	-	+	+	+
12	-	+	+	-	-	-	-	+	+	+	+	-	+	+	+
13	-	+	+	-	-	-	-	-	-	+	+	-	+	+	+
14	-	+	+	-	-	-	-	-	-	+	+	-	+	+	+
15	-	+	+	+	-	-	-	-	-	+	+	-	+	+	+
16	-	+	+	-	-	-	-	-	-	+	+	-	+	-	-

续表

指标板块	PRE^{-1}	PB^{-1}	PTU^{-1}	PTV^{-1}	PVD^{-1}	NEW^{-1}	DCI^{-1}	PCH^{-1}	PB	PTU	PTV	PVD	NEW	DCI	PCH
17	-	+	+	-	-	-	+	-	+	+	-	-	+	+	+
18	-	+	+	-	+	-	-	+	-	+	+	-	+	+	+
19	-	+	+	-	-	-	-	-	+	+	+	-	+	+	+
20	-	+	+	-	-	-	-	-	-	+	+	-	+	+	+
21	-	-	-	-	-	-	+	+	+	+	-	-	-	-	-
22	-	+	-	-	-	-	+	+	+	+	-	-	+	-	-
23	-	-	+	-	+	-	-	+	+	+	-	-	+	+	-
24	-	+	-	-	-	-	+	-	-	+	-	-	+	+	+

在计算过程中，由于样本数据时间区间选择从2014年4月到2018年12月，期间初始时正值我国经济进入"新常态"，房地产市场出现调整，由于各地政府的房地产限制政策不断出台，购房时机出现消费量激增，以及税收政策的调整，导致一些大资金流入房地产行业，进而导致在股市上房地产板块的行情跟随实体经济的销售业绩与预期也有一些很大的波动，该板块被赋予了很大的关注度。

由表5.3可知，板块投资者情绪综合指标与前期收益率、前期换手率、前期投资者新开户数、前期投资者信心指数及当期波动率均存在负相关的影响关系，与当期换手率、当期投资者新开户数及当期投资者信心指数存在正相关的影响关系。这与预期相一致，因为中国投资者的专业能力有限，获取的信息渠道大致相同，所以做出的投资行业也趋于一致。但由于板块的异质性，板块对于股市的信息传播表现并不一致，有的板块对于各类情绪反应较为敏感，如软件与服务板块、房地产板块等，而有的板块对于投资者情绪的反应并不敏感，没有太大的收益波动，如容器与包装板块、公用事业板块等。由偏最小二乘回归得出结果（以能源设备与服务为例）如表5.4所示。

表 5.4　　　　　　　　偏最小二乘回归标准系数

S_i	PRE^{-1}	PB^{-1}	PTU^{-1}	PTV^{-1}	PVD^{-1}	NEW^{-1}	DCI^{-1}	PCH^{-1}	PB	PTU	PTV	PVD	NEW	DCI	PCH
系数	-0.079	-0.049	-0.373	-0.079	-0.078	-0.079	-0.079	0.077	0.079	0.070	0.079	-0.078	0.079	0.079	0.029

从表 5.4 可知，当期收益率与前期收益率存在负向的影响关系，当期收益率与前期成交量、前期波动率、前期投资者新开户数及前期投资者信心指数都存在负向的影响关系，这个影响原因是符合我国股市基本情况的，说明我国投资者存在由投资者情绪所导致过度交易和投机的现象，也存在股市中板块轮动的现象；同时当期收益与 Beta 值、涨跌幅、当期成交量、当期换手率、当期投资者新开户数、投资者信心指数等存在正向的影响关系，说明我国投资者有追逐热点、跟随信息传播进行投机的群体行为。

由偏最小二乘得到投资者情绪指标模型（保险板块为例）：

$$\begin{aligned} S_{it} = & 34.850 + 10.284 PRE_{it}^{-1} + 0.063 PB_{it}^{-1} - 10.487 PTU_{it}^{-1} - 1.818 PTV_{it}^{-1} \\ & - 0.048 PVD_{it}^{-1} - 0.006 DCI_{it}^{-1} + 0.055 PCH_{it}^{-1} + 0.029 PB_{it} \\ & + 0.056 PTU_{it} + 0.447 PTV_{it} - 0.090 PVD_{it} + 0.0551 NEW_{it} + 0.104 DCI_{it} \\ & + 0.319 PCH_{it} \end{aligned} \tag{5.8}$$

可据此计算得出投资者情绪值 S_{it}。

各板块 PLS 后的情绪测度各代理指标系数如表 5.5 所示。

经过统计计算，可得出各板块的交易日投资者情绪值，波动分布情况如图 5.3 和图 5.4 所示，数据的描述性统计结果如表 5.6 所示，由结果可知，各个板块的情绪值分布不同，波动也不一致，因为行业的异质性，投资者对其预期也具有异质性，同时由于行业所处的产业周期不同，有的处于成长期，有的处于成熟期，在政策上也会有所差别，进而反映到投资者的行为决策也具备异质性，因此有必要对投资者情绪和异质信念进行分类研究，可进一步揭示异质信念与投资者情绪的内在关联。由结果可知，有的板块处于行业的新兴期，对政策走向和经济环境敏感，投资者高度关注，同时投资者情绪的表现也较为突出，对信息的敏感度高，波动幅度也大，如软件与服务板块；而有的板块处于行业的稳定期，对政策变化不十分敏

表 5.5 各板块情绪指标模型系数

板块	常数项	PRE^{-1}	PB^{-1}	PTU^{-1}	PTV^{-1}	PVD^{-1}	NEW	DCI^{-1}	PCH^{-1}	PB	PTU	PTV	PVD	DCI	PCH
1	9.908	0.882	0.024	−1.079	−0.427	0.019	0.005	−0.513	0.031	0.060	−2.708	−0.846	0.058	−0.974	0.340
2	34.850	10.283	0.062	−10.487	−1.818	0.048	0.006	−2.182	0.079	0.155	−26.322	−3.600	0.151	−4.145	0.883
3	5.524	1.031	0.022	0.178	0.046	0.017	0.006	0.055	0.029	0.056	0.447	0.090	0.055	0.104	0.319
4	1.955	1.243	−0.008	3.048	−0.213	−0.007	0.005	−0.255	−0.011	−0.021	7.650	−0.421	−0.020	−0.485	−0.120
5	11.904	1.233	0.080	−2.173	−0.796	0.062	0.010	−0.955	0.103	0.200	−5.455	−1.576	0.195	−1.815	1.141
6	13.310	0.480	0.020	−3.488	0.021	0.015	0.004	0.025	0.025	0.049	−8.756	0.041	0.048	0.047	0.278
7	1.636	1.050	0.029	3.404	0.550	0.023	0.005	0.660	0.037	0.073	8.543	1.089	0.071	1.254	0.416
8	7.864	1.547	0.029	1.658	0.131	0.023	0.004	0.157	0.037	0.072	4.162	0.260	0.070	0.299	0.412
9	10.426	0.466	0.072	0.253	−0.865	0.056	0.005	−1.038	0.092	0.179	0.636	−1.713	0.175	−1.972	1.021
10	8.004	0.730	0.050	−0.492	0.669	0.039	0.005	0.803	0.064	0.126	−1.235	1.324	0.123	1.525	0.717
11	11.085	1.666	0.081	−1.238	−0.437	0.063	0.004	−0.524	0.104	0.202	−3.108	−0.865	0.197	−0.996	1.154
12	5.885	1.223	0.025	3.311	−0.850	0.020	0.004	−1.020	0.032	0.062	8.311	−1.683	0.061	−1.938	0.356
13	13.134	2.702	−0.019	−5.903	0.404	−0.015	0.008	0.484	−0.025	−0.048	−14.816	0.799	−0.047	0.920	−0.274
14	15.610	1.138	0.025	−3.447	−0.899	0.019	0.003	−1.078	0.032	0.062	−8.652	−1.779	0.060	−2.049	0.352
15	22.153	1.554	0.093	−8.343	−0.628	0.072	0.001	−0.754	0.119	0.231	−20.940	−1.244	0.226	−1.433	1.321
16	17.872	1.522	0.045	−4.489	−0.517	0.035	0.005	−0.620	0.057	0.111	−11.267	−1.023	0.108	−1.178	0.634
17	10.526	0.968	0.027	5.597	−0.154	0.021	0.004	−0.185	0.034	0.066	14.047	−0.305	0.065	−0.351	0.379

续表

板块	常数项	PRE^{-1}	PB^{-1}	PTU^{-1}	PTV^{-1}	PVD^{-1}	NEW	DCI^{-1}	PCH^{-1}	PB	PTU	PTV	PVD	DCI	PCH
18	8.976	1.260	0.056	-0.720	0.025	0.044	0.005	0.030	0.072	0.140	-1.807	0.050	0.137	0.057	0.799
19	6.468	1.382	0.085	3.903	-0.166	0.066	0.005	-0.199	0.108	0.211	9.797	-0.328	0.206	-0.377	1.205
20	18.534	2.393	0.058	-2.839	-0.778	0.045	0.004	-0.933	0.074	0.144	-7.127	-1.540	0.141	-1.773	0.823
21	7.126	1.770	0.018	-3.242	-0.203	0.014	0.005	-0.243	0.023	0.045	-8.138	-0.402	0.044	-0.463	0.255
22	-2.734	1.140	0.041	6.292	-0.034	0.032	0.005	-0.041	0.053	0.103	15.792	-0.068	0.100	-0.078	0.585
23	16.336	2.562	0.020	-1.148	-0.055	0.016	0.005	-0.066	0.026	0.050	-2.881	-0.109	0.049	-0.126	0.283
24	2.516	1.766	0.048	3.128	0.240	0.038	0.007	0.288	0.062	0.121	7.852	0.476	0.118	0.548	0.689

感，如基础设施板块，整体趋势比较平缓，投资者情绪表现较为平稳，波动性也小。因此，对资本市场上价格的影响也具备异质性，导致各个板块的市场表现各不相同，这样对于投资者情绪的板块异质性表现的研究具有十分重要的现实意义。

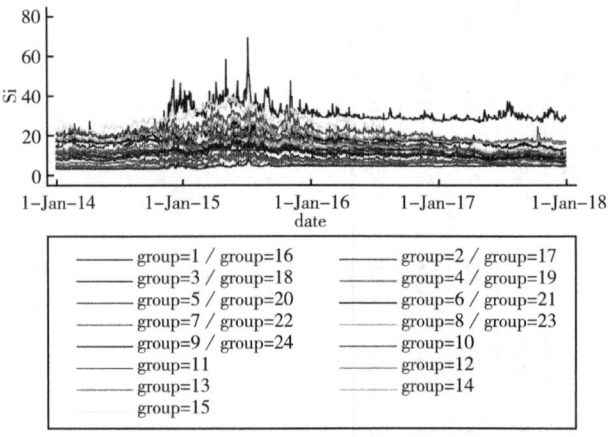

图 5.3　板块投资者情绪波动

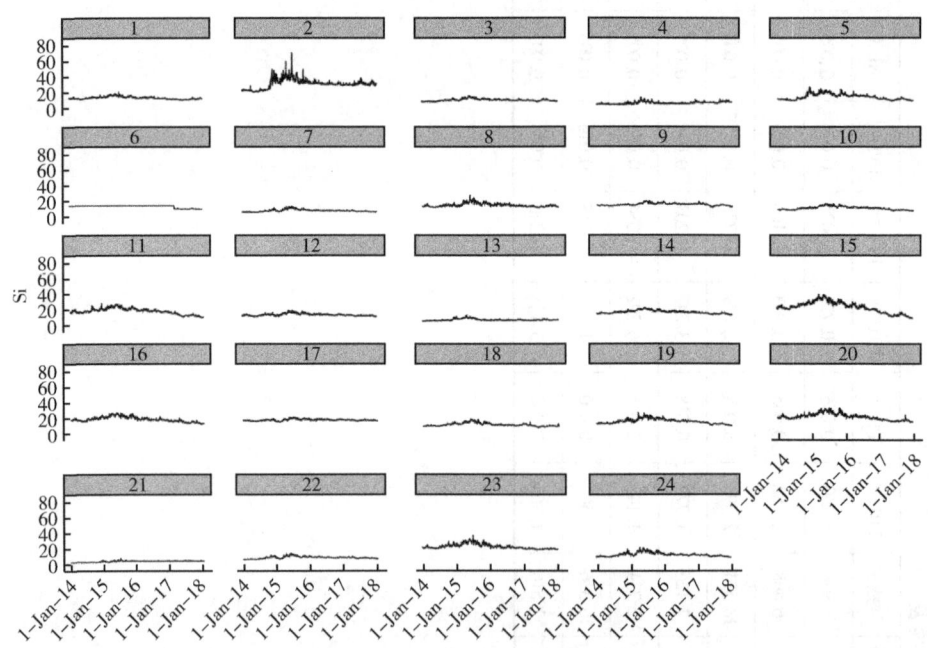

图 5.4　板块投资者情绪波动

表 5.6　各板块情绪值描述性统计

板块	均值	标准差	最小值	最大值
1	11.998	1.766	8.984	19.602
2	29.924	6.094	19.064	69.746
3	8.503	1.394	6.299	14.197
4	6.644	1.482	4.229	14.008
5	13.824	3.643	8.442	26.846
6	12.491	1.587	9.012	13.31
7	7.092	1.459	5.106	12.866
8	14.776	2.194	11.512	27.354
9	13.633	1.48	10.429	18.251
10	10.632	2.004	7.079	16.311
11	16.651	3.838	8.312	26.772
12	12.558	1.479	10.344	18.075
13	7.981	1.142	6.042	13.395
14	15.035	1.786	11.66	20.545
15	24.152	7.133	10.064	40.92
16	19.385	3.149	12.953	28.558
17	18.294	0.962	15.612	21.939
18	11.533	2.004	7.945	18.517
19	15.517	2.927	9.907	26.638
20	22.684	3.994	16.042	34.165
21	4.999	0.693	3.738	8.924
22	6.847	1.447	4.261	12.1
23	20.333	2.988	16.228	34.833
24	10.888	2.371	7.151	20.101

板块投资者情绪值差别很大，说明板块存在异质性，投资者对不同板块所持的预期不同，对于信息的反馈交易也不同。因此，有必要进行下一

步的内在机理的揭示。

第二节　异质信念与投资者情绪交互关系检验

我国股票市场已进入高速发展时期，投资者对于信息的接收和决策已趋于个性化，股票价格对于外部的影响更为敏感，我们经常会发现这样一个现象，一个板块的涨跌会影响到其他板块的表现，或者说有些板块的涨跌常常会跟随敏感板块而进行变动。进一步来说，一个反应敏感的板块也能与整个 A 股市场的表现趋同，可以看作是股市表现有一个标签。由于我国是新兴的转轨市场经济，投资者易受政策预期主导，在近几年的市场表现中，表现为决策与行为趋于一致，诸如"板块联动""股价齐涨齐跌"现象非常显著，几乎成为个人投资者投资参考的新依据。由于我国机构投资者市场占比较大，例如我们常发现，当券商板块表现活跃时，A 股市场也能进入活跃期，而当券商板块表现低迷时，A 股市场也表现平静。投资者在某种程度上常常把券商板块或者说证券公司的动态作为重点关注的对象，并常常跟随它们的行动，所以在某个视角上，把券商板块的表现作为异质信念的另一种表现方式。券商板块作为我国股市的重要组成部分，在某种程度上反映了市场的活跃程度，同时由于证券公司的专业特征和特殊职能，投资者对于券商的关注度更高，对于券商的投资动向和市场表现也赋予了更高的参考权重，券商板块基于在股票市场的特殊地位和专业特征，其对于证券市场的政策变动以及市场上和消息筛选和吸收具有天然的优势，所以从券商在股票市场上的表现来看，其对于其他投资者具有很强的方向暗示，也常常会对投资者的投资决策产生一定的影响。

异质信念对投资者情绪存在影响效应，反过来，投资者情绪也会影响异质信念的转变，投资者在交易中基于信息冲击和反馈难免会存在非理性行为和投机行为，因此投资者情绪和异质信念间会存在一定的溢出效应，投资者情绪的变动会引起异质信念的转变，而异质信念的转变也会反过来影响投资者情绪的波动。一直以来，对金融市场内部的联动效应和波动溢出效应的研究是现代金融学研究的热点内容之一，对其生成机理的揭示能对投资者在股票市场上信息的筛选与甄别、对于风险的测定与控制甚至于对整个金融市场的监管都具有重要的现实指导意义。

一、异质信念与投资者情绪溢出效应检验

研究异质信念对投资者情绪的影响情况，主要考察异质信念对投资者情绪的溢出效应。溢出效应主要从两个方面进行考察，即一阶矩溢出（均值溢出）和波动溢出。

本节主要建立了 VAR – BEKK – GARCH 模型来研究溢出效应。此模型建立在 GARCH 模型的基础上，属于该模型的扩展。GARCH(1, 1) 模型表达如下：

$$y_t = x_t' \beta + \varepsilon_t \tag{5.9}$$

$$\varepsilon_t = \sqrt{h_t} \cdot v_t \tag{5.10}$$

$$h_t = k_0 + \rho_1 h_{t-1} + \alpha_1 \varepsilon_{t-1}^2 \tag{5.11}$$

其中，h_t 为条件方差，x_t' 是数据向量，β 是系数向量，$\{v_t\}$ 为独立同分布，有 $v_t \sim N(0, 1)$，方差方程的参数项，$k_0 > 0$，$\rho_1 \geq 0$ 和 $\alpha_1 \geq 0$。

BEKK 模型通过改进 GARCH(1, 1) 模型，拓展了该模型的应用范围，可以应用于多个变量之间的研究，同时模型的设定也解决了协方差矩阵非正定的问题以及正负冲击的非对称性问题。采用的 VAR – BEKK – GARCH 模型表达式如下：

$$y_t = a + v_1 y_{t-1} + v_2 y_{t-2} + \cdots + v_p y_{t-p} + \varepsilon_t, \varepsilon_t \Big| \sum_t \zeta_{t-1} \sim t\left(0, \sum_t, u\right) \tag{5.12}$$

$$H_t = CC' + A\varepsilon_{t-1}\varepsilon'_{t-1}A' + BH_{t-1}B' \tag{5.13}$$

其中，y_t、a 以及 ε_t 都是 2×1 维向量，a 是常数项向量，ε_t 假定服从 t 分布，公式（5.12）可选用 VAR 模型来计算系数矩阵 $v_p = \begin{bmatrix} r_{1p} & b_{1p} \\ r_{2p} & b_{2p} \end{bmatrix}$ 中元素的显著性，从而可以判断出异质信念与投资者情绪之间是否存在一阶矩溢出，也就是说，异质信念的波动是否能对投资者情绪起到一定的预测作用。另外，公式（5.13）是 BEKK - GARCH 模型中的多元方差模型，该模型通过矩阵相乘的方式解决了协方差矩阵非正定性的问题。但是也同时产生了模型难以估计的问题。该公式中 C、A 和 B 都是 2×2 的参数矩阵，但是 C 矩阵是一个下三角形矩阵。

由公式（5.13）的展开式：

$$h_{11,t} = c_{11}^2 + b_{11}^2 h_{11,t-1} + 2b_{11}b_{12}h_{12,t-1} + b_{12}^2 h_{22,t-1} + a_{11}^2 \varepsilon_{1,t-1}^2 + \\ 2a_{11}a_{12}\varepsilon_{1,t-1}\varepsilon_{2,t-2} + a_{12}^2 \varepsilon_{2,t-1}^2 \tag{5.14}$$

$$h_{22,t} = c_{12}^2 + c_{22}^2 + b_{21}^2 h_{11,t-1} + 2b_{21}b_{22}h_{12,t-1} + b_{22}^2 h_{22,t-1} + a_{21}^2 \varepsilon_{1,t-1}^2 + \\ 2a_{21}a_{22}\varepsilon_{1,t-1}\varepsilon_{2,t-2} + a_{22}^2 \varepsilon_{2,t-1}^2 \tag{5.15}$$

$$h_{12,t} = c_{11}c_{21} + b_{21}b_{11}h_{11,t-1} + (b_{21}b_{12} + b_{11}b_{22})h_{12,t-1} + b_{12}b_{22}h_{22,t-1} + \\ a_{11}a_{21}\varepsilon_{1,t-1}^2 + (a_{21}a_{12} + a_{11}a_{22})\varepsilon_{1,t-1}\varepsilon_{2,t-2} + a_{12} \tag{5.16}$$

其中，h_{11} 代表投资者情绪的条件方差，h_{22} 代表异质信念的条件方差，h_{12} 和 h_{21} 代表异质信念和投资者情绪的条件协方差，由以上可知，h_{12} 与 h_{21} 是相等的，所以略去 h_{21} 的表达式。通过 WALD 检验来检验参数矩阵中各元素的显著性，以验证波动溢出效应的存在性，WALD 检验的原假设可假定为：$b_{12} = 0$，$a_{12} = 0$。也就是说，当异质信念对投资者情绪的波动溢出效应不存在时，此原假设成立。基于对称性假设，当投资者情绪对异质信念的波动溢出效应不存在时，原假设：$b_{21} = 0$，$a_{21} = 0$ 也成立。

以综合的异质信念 AD_i 与 S_i 为研究对象，采用 Stata、Eviews 和 Winrats 统计软件。如图 5.5 所示，投资者情绪与异质信念的变动趋势并不趋于一致，2015 年前两者的走势较为一致，2015 年后，投资者情绪较异质信念的波动更为激烈一些。异质信念先于投资者情绪到达高点,说明异质信念对于投资者具有驱动作用,在2017年投资者情绪处于低落期,而异质信念也处于强烈的分歧期,说明异质信念对于投资者情绪有抑制作用,因此可以看出两者之间并非简单的单向关系,而有可能存在非线性关系。

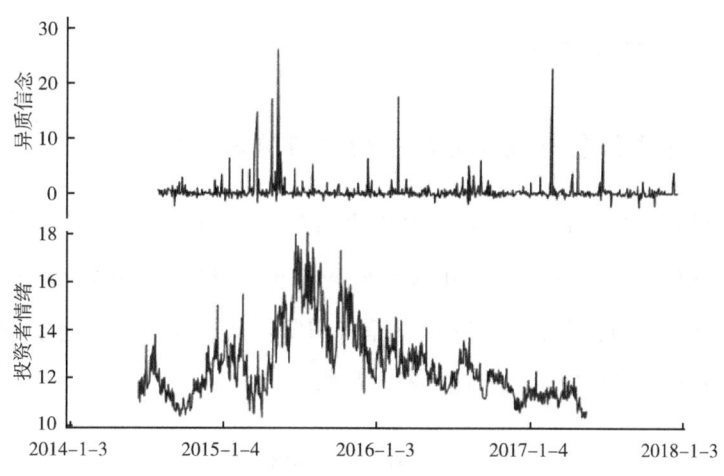

图5.5　投资者情绪指数与异质信念趋势

从图5.5观察可知,异质信念与投资者情绪存在交互关系,异质信念在投资者情绪高涨时也趋于上升,但是异质信念的上升时间要早于投资者情绪,当投资者情绪低落时,异质信念并没有同步下降,而是分歧程度较小,整体看投资者情绪与异质信念并不是简单的线性关系,而存在非线性的关系。因为正态分布的数据偏度为0,峰度为3,对比样本中的数据与正态分布的偏差,所以进行了J-B检验,可以看出,在样本区间内投资者情绪与异质信念都呈现出了尖峰厚尾的特征并且拒绝了服从正态分布的原假设,因而应用极值理论对此特征进行研究,并对所有样本数据中这两个指数的收益率进行了平稳性检验,即ADF检验,结果显示,在样本区间内两个指标均在1%的显著性水平上为平稳序列。其结果如表5.7(置信度水平为99%)所示。

表 5.7　　　　　　　指数对数收益率的平稳性检验结果

指标	ADF 统计量	P 值	1% 显著水平
异质信念	-12.211	<0.01	-2.58
投资者情绪	-11.436	<0.01	-2.58

二、实证结果分析

（一）异质信念与投资者情绪的均值溢出效应

本节建立了异质信念和投资者情绪两个序列的向量自回归模型以分析投资者情绪和异质之间的一阶矩溢出效应。根据 AIC、SBIC、HQIC 等信息准则，LR 检验统计量和最终预测误差（FPR）等标准，按样本区间，通过 4 阶滞后的 VAR 模型得出结果如表 5.8 所示。

表 5.8　　　　　　　VAR 模型阶数最优判断结果

滞后阶数 \ 判断标准	LL	LR	p	FPE	AIC	HQIC	SBIC
0	18188.6	—	—	7.6e-08	-10.7201	-10.7171	-10.6962
1	18191.8	6.4543	0.168	7.6e-08	-10.7196	-10.7157	-10.7088
2	18204	24.394	0.000	7.5e-08	-10.7244	-10.718	-10.7064
3	18211	13.942	0.007	7.5e-08	-10.7262	-10.7172	-10.7009
4	18219.3	16.714	0.002	7.5e-08*	-10.7288*	-10.7188*	-10.7165*
5	18219.7	0.62108	0.961	7.5e-08	-10.7266	-10.7124	-10.6868
6	8227	14.671*	0.005	7.5e-08	-10.7286	-10.7118	-10.6816

注：*为该标准判断下的最优选择，依据显示结果，在 SBIC、AIC 和 FPR 等判定标准下将异质信念和投资者情绪 VAR 模型的最优阶数选定为 4 阶。

VAR 模型估计结果如表 5.9 所示。

对此模型进行平稳性检验，结果显示，所有的特征根都落在单位圆内，满足了平稳性条件。同时，该模型的残差不存在自相关，且残差服从正态分布。之后对模型进行了格兰杰因果检验，检验结果如表 5.10 所示。

表 5.9　　　　　　　　　　VAR 模型估计结果

因变量	自变量	4 阶滞后估计结果
投资者情绪	投资者情绪	0.001 *** (3.44)
	异质信念	0.0085 ** (−1.72)
异质信念	投资者情绪	0.0000 *** (3.62)
	异质信念	0.0032 * (−2.15)

注：表中括号内为 t 统计量，*** 表示 1% 水平显著，** 表示 5% 水平显著，* 表示 10% 水平显著。

表 5.10　　　　　　　　　格兰杰因果检验结果

自变量	因变量	Chi-sq	Prob
异质信念	投资者情绪	14.97	0.006
投资者情绪	异质信念	20.141	0.000

结果表明，投资者情绪与异质信念互为格兰杰因果关系，也就是说，两者从整体上看相互影响，异质信念的变动会引起投资者情绪的波动，而投资者情绪的波动也会带动异质信念的转变。也就是说，从整体上看两者间存在均值溢出效应。

（二）异质信念与投资者情绪之间的波动溢出效应分析

本部分对异质信念与投资者情绪建立 BEKK–GARCH 模型，同时延续前面的样本数据及时间区间。其中，y1 和 y2 分别是投资者情绪和异质信念，对两个时间序列进行了 LM 检验，结果表明，两个序列在 1% 的显著性水平下具有 ARCH 效应。所以可建立 GARCH 模型，估计结果如表 5.11、表 5.12 和表 5.13 所示。

表 5.11　　　　　　　　　均值方程结果

均值方程		系数	T 统计量
	μ_1	0.00037	(1.148)
	μ_2	0.00024	(1.345)

表 5.12　　　　　　　　方差方程估计结果

方差方程	系数	T 统计量
a_{11}	0.19981***	6.998
a_{12}	−0.06673***	−4.476
a_{21}	−0.0374	−0.716
a_{22}	0.31185***	12.359
b_{11}	0.97589***	108.152
b_{12}	0.018490**	3.438
b_{21}	−0.013145	0.809
b_{22}	0.94810***	106.796
c_{11}	−0.00153***	5.61447
c_{12}	—	—
c_{21}	0.00002	0.115
c_{22}	−0.00068***	−3.589

注：*** 表示 1% 水平显著，** 表示 5% 水平显著，* 表示 10% 水平显著。

表 5.13　　　　　　　　Wald 联合检验结果

样本区间	
Wald 统计量 （投资者情绪与异质信念）	21.088084***
P 值	0.00002
Wald 统计量 （异质信念与投资者情绪）	45.471808***
P 值	0.00000
Wald 统计量（联合检验）	61.410518***
P 值	0.00000

注：*** 表示 1% 水平显著，** 表示 5% 水平显著，* 表示 10% 水平显著。

原假设 1 为 H0：$b_{21}=0$，$\alpha_{21}=0$；即投资者情绪与异质信念间不存在波动溢出效应。依据表中结果投资者情绪与异质信念间存在显著的溢出效应。

原假设 2 为 H0：$b_{12}=0$，$\alpha_{12}=0$；即异质信念与投资者情绪不存在波动溢出效应。据表中结果来看，在整个样本区间内异质信念与投资者情绪间均存在非常显著的波动溢出效应。

原假设 3 为 H0：$b_{12}=0$，$\alpha_{12}=0$，$b_{21}=0$，$\alpha_{21}=0$；即券异质信念与投资者情绪两者之间互相不存在双向波动溢出效应。表中显示两者之间不论是整体上看还是分开来看，异质信念与投资者情绪间均存在显著的双向波动溢出效应，并且通过了 Wald 检验，在 99% 的置信区间内显著。

以上估计结果可以看出：

①BEKK-GARCH 模型的系数 α_{11}、b_{11}、α_{22}、b_{22} 在 99% 的置信区间水平下显著，说明投资者情绪与异质信念均具有明显的波动聚集性特征。

②在 BEKK-GARCH 模型中，系数 α_{12}、b_{12} 样本区间内在 1% 和 5% 的显著性水平下显著，因为在 2014 年 4 月到 2018 年 12 月期间，股市处在股市信心逐渐恢复也是投资者情绪集体高涨的时期，此阶段下投资者情绪对异质信念的带动明显，基于我国政策市的界定，异质信念与投资者情绪在这个时间区间下波动溢出效应显著。α_{21}、b_{21} 在样本下区间内 1% 显著性水平下显著，由此可以得出，短期内异质信念与投资者情绪存在显著的波动溢出效应，通过 Wald 检验也能证实这一结论，因此，α_{12} 显著性表明异质信念的前一期的新息冲击会影响到整个投资者情绪，进而也会造成整个投资者情绪的波动，b_{12} 显著性说明异质信念在当期产生波动对下一期的波动产生影响；从正负效应来看，异质信念的信息冲击削弱投资者情绪的波动性，异质信念的前期波动率能够增强投资者情绪的波动，但是新的冲击对投资者情绪的影响则更大。同时，投资者情绪对于异质信念的冲击没有异质信念对投资者情绪的影响程度大。

通过对波动溢出效应的研究发现异质信念的波动和变化能够显著地影

响投资者情绪，也就是说，在股市低迷时期投资者情绪一旦上涨的话会带动异质信念的转变，而且异质信念的剧烈变换会显著影响到投资者情绪，异质信念对于投资者情绪来说具有非常显著的波动溢出效应，也具有引致投资者情绪波动的能力。我国在2015年的股市动荡之后，股市的异常波动成为关注的焦点，投资者情绪对于股市的稳定以及对股市系统性风险的防范成为一个研究热点，而股市内部之间信念分歧的异动也成为不可忽略的重要部分。

三、异质信念与投资者情绪非线性关系检验

从前面分析可知，异质信念与投资者情绪间存在显著的溢出效应，也就是说，两者之间是相互影响的，异质信念的转变会造成投资者情绪的剧烈反应，而投资者情绪的波动在某种程度上也会对异质信念形成影响，进而影响投资者的投资行为决策，在某种程度上对股票市场的资产定价产生影响。投资者的异质信念与投资者情绪相互影响，短期的投资者情绪波动并不会引起价格的剧烈波动，而短期的投资者情绪波动累积到一定程度就会造成异质信念发生转变，而异质信念发生转变后又会反过来影响投资者情绪，因此可假设异质信念与投资者情绪间存在非线性的关系，并不完全是同向的变化关系，或许存在结构突变点。但是对于两者之间的影响程度则缺乏度量，参照前面的分析，异质信念在某个区间内对投资者情绪不产生影响，而在某个区间内对投资者情绪的影响程度较大，在某个区间内对其有影响，但是影响程度又有限。基于以上的具体情况假设异质信念与投资者情绪存在门槛效应，又基于异质信念和投资者情绪生成的显著特点，不但与上期相关且会影响滞后一期或多项期的特征具有动态性，也具有延续性，所以传统的静态面板数据的门槛模型不适用于此研究，应采用动态面板门槛和系统GMM估计来进行研究。

（一）模型的设定和变量的选取

选用前面的相关数据进行研究，采用 Stata 来进行模型的分析。加入板块指数的对数 BI_{it} 和经济政策不确定指数 UN_{it} 作为控制变量，得到以下基础模型：

$$AD_{it} = \beta_0 + \beta_1 AD_{i,t-1} + \beta_3 UN_{it} + \beta_4 BI_{it} + \beta_5 SI_{it} + \beta_5 SI_{it-1} + u_i + v_i + \varepsilon_{it} \tag{5.17}$$

其中，AD_{it}、UN_{it}、BI_{it}、SI_{it} 分别为异质信念、经济政策不确定性指数、板块指数对数、投资者情绪，因为投资者情绪与异质信念的生成都与上一期有关，所以加入各自的滞后一期。

另外，根据提出的假设，考虑到异质信念与投资者情绪存在非线性关系，具有门槛效应，所以在模型（5.17）的基础上加入门槛变量，建立面板门槛模型：

$$AD_{it} = \gamma_0 + \delta AD_{i,t-1} + \gamma_1 UN_{it} + \gamma_2 BI_{it} + \gamma_3 SI_{it} \times I(\text{thr} \leqslant \lambda) + \gamma_4 SI_{it} \times I(\text{thr} > \lambda) + \gamma_5 SI_{it-1} + u_i + v_t + \varepsilon_{it} \tag{5.18}$$

其中，I 表示门槛示性函数，thr 表示门槛变量，λ 表示门槛值，u_i 为个体固定效应，v_t 为时间效应。

投资者情绪与异质信念分布如图5.6所示。

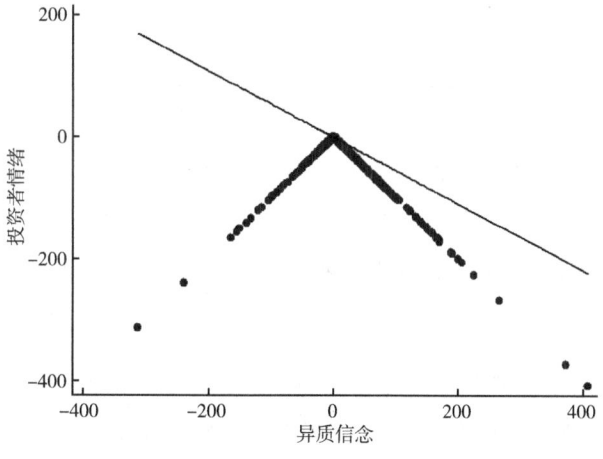

图5.6 投资者情绪与异质信念分布

变量的描述性统计如表 5.14 所示。

表 5.14　　　　　　　　变量的描述性统计

变量	样本数	均值	标准差	最大值	最小值
AD_{it}	1243	5.765	3.322	18.871	-1.122
UN_{it}	1243	22.453	11.451	105.670	0.117
BI_{it}	1243	21.567	6.988	66.311	1.344
SI_{it}	1243	8.233	2.155	33.532	-34.877

模型要求面板数据序列平衡，故将各变量数据转为平衡面板数据并对其进行 LLC 检验和 IPS 检验，选取检验，如表 5.15 所示。结果显示，数据在 1% 的显著性水平下，LLC 检验和 IPS 检验结果都显著，可进行下一步的模型估计。

表 5.15　　　　　　　　面板单位根检验

变量	LLC 检验	IPS 检验
AD_{it}	-3.055*** (0.019)	-1.155*** (0.000)
UN_{it}	-7.609*** (0.008)	-7.609*** (0.002)
BI_{it}	-4.313*** (0.000)	-2.243*** (0.000)
SI_{it}	-2.743*** (0.003)	-6.345*** (0.001)

注：括号内为对应统计量的 p 值，***、**、* 分别代表在 1%，5%，10% 水平上显著。

因为所设定的面板门槛模型中存在个体固定效应 u_i，所以大多文献采取组内去心法或者一阶差分的方法对数据进行预处理，以消除个体效应，但是动态面板门槛模型并不适用这种方法，个体误差项与被解释变量 AD_{it} 滞后一期存在序列相关的可能性，因此参考 Kremer 等（2012）[132] 的方法，运用前向正交离差变换的方法来消除固定效应，也就是以第 i 个观察值减去此观察值 i 之后所有观察值的平均值，这样就能够有效避免误差项的序列相关。对模型（5.18）前向正交离差变换后的误差项如下：

$$\varepsilon_{it} = \sqrt{\frac{T-t}{T-t+1}} \cdot \left[\varepsilon_{it} - \frac{1}{T-t}(\varepsilon_{it+1} + \cdots + \varepsilon_{iT})\right], t = 1, \cdots, T-1 \qquad (5.19)$$

由于模型中加入了滞后项,可能存在内生性的问题,因此参照 Seo 和 Shin(2016)[119]处理动态面板门槛的处理方法,分三个步骤来处理:

第一步,构造样本矩阵。寻找外生变量和滞后项为工具变量 $Z_{i,t-1}$ 构造样本矩和权重矩阵生成最小的 GMM 估计值 $\hat{\theta}$,通过固定模型中的参数 λ 运用网格搜索的方法使模型变为线性固定效应模型,从而得到封闭解。

第二步,门槛值的估计。将门槛值进行排序,代入模型,采用面板最小二乘法取得残差平方和,再通过 Bootstrap 自抽样的方法及网格搜索法寻找 λ 值并确定门槛值的置信区间。

第三步,门槛系数的估计。第二步中的门槛值 λ 将样本划分为两个或多个区间,代入门槛值 λ 及第一步和工具变量 $Z_{i,t-1}$ 中,之后用系统广义矩(GMM)的方法来估计门槛系数。

(二)实证结果分析

1. 非线性关系的检验。

根据前面的设定,异质信念与投资者情绪间存在非线性关系的假设推论,现通过实证的方法加以验证。通过动态面板模型,基于内生性问题,采取了工具变量法和 GMM 估计两阶段法,加入稳健标准误的方法,使估计结果具备稳健性。

从表 5.16 估计结果可知,Sargan 检验结果表明工具变量合理,说明工具变量有效,AR 检验结果显示不存在序列相关,模型设定的滞后项均显著,平方项为负且在 1% 水平上显著,说明异质信念与投资者情绪存在非线性关系,且可能呈倒"U"形的关系,也说明异质信念可能会随投资者情绪的高涨而发生转变,也会随着投资者情绪的低落而转变,而斜率的变化则说明悲观时期与乐观时期的情绪变化幅度不同,也与现实中悲观情绪更容易传染并放大风险传递的情况相符,且已有研究表明恐慌的悲观情绪能够迅速蔓延并传播。

表 5.16　　　　　　　　动态面板的 GMM 估计结果

变量	系数	p 值
AD_{it-1}	0.673***	0.003
UN_{it}	0.523***	0.001
BI_{it}	−0.456***	0.002
SI_{it}	−0.456**	0.051
SI_{it}^2	−1.471***	0.001
SI_{it-1}	0.762***	0.004
Sargan 检验	32.347	0.911
AR	0.564	0.566

注：***、**、*分别表示在1%、5%、10%水平上显著。

2. 倒"U"形检验。

Jo Thori 等（2010）[133]在对于非线性关系的"U"形图的判定中提出质疑，如果仅凭二次项显著为正就判定是"U"形，显著为负就是倒"U"形是失之偏颇的，由于数据的样本范围，有可能最终呈现出的图形只是"U"形图中向上凸或向下凸的一部分，并不能涵盖整个图形，因此应对其进行 utest 检验，判断样本数据中是否包含图形的极值点，验证是否为真正的"U"形。依据 Jo 的规则进行相关检验 slope 值为负，因此异质信念与投资者情绪为倒"U"形非线性关系可得到验证。

3. 门槛效应的实证分析。

依据前面所描述的动态面板门槛的检验和估计方法，在消除个体固定效应后，构造样本矩阵，之后以生成最小的 GMM 估计值 $\hat{\theta}$ 代入求得封闭解后构造权重矩阵，根据给定条件求得门槛变量的密度函数，最后根据高斯法则设定带宽求得估计值，进而再根据 Bootstrap 自抽样的方法求得模型的门槛值。

从表 5.17 可知，投资者情绪作为门槛变量在模型中显著具有 2 个门槛值，门槛值是投资者情绪的 21% 和 64%，所以在异质信念与投资者情绪之间存在显著的门槛效应，投资者情绪在达到门槛值 1 和门槛值 2 后将会发生斜率的改变,也就是说,投资者情绪在积累到一定程度后会使异质信念做出乐观或悲观的转变。但是在某种程度上投资者情绪的变化并不能影响异质信念的改变,异质信念能够保持一定的稳定性(见图5.7)。

表 5.17　　　　　　　　门槛估计检验结果

门槛变量	门槛类型	门槛值	1%临界值	p 值	95%置信区间
SI_{it}	单一	21.350	17.532	0.001***	[21.040, 26.378]
	双重	64.141	21.604	0.002***	[63.111, 66.145]
	三重	—	—	0.452	—

注:F 值及95%的置信区间是以 Bootstrap 法反复抽样500次得到,*** 代表在1%水平上显著。

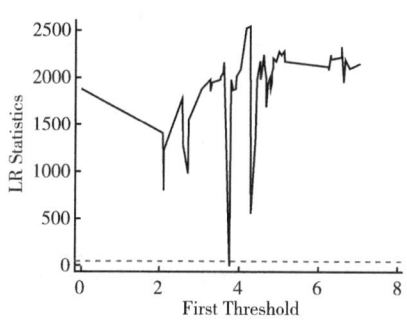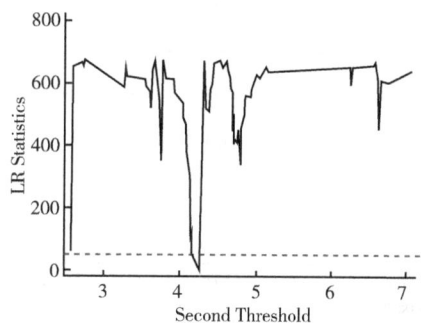

图 5.7　投资者情绪为门槛的 LR 图

注:左图为1门槛,右图为2门槛。

将投资者情绪按门槛值分为三个区间,以滞后项为工具变量采用两阶段法检验门槛效应。表5.18 的 Sargan 检验结果表明工具变量设置合理,且结果具有稳健性。

表 5.18　　　　　　　　动态面板门槛估计结果

变量	AD_{it}
AD_{it-1}	0.673*** (203.21)
UN_{it}	0.523*** (-8.04)

续表

变量	AD_{it}
BI_{it}	-0.456*** (-3.23)
SI_{it} $\lambda \leq 21.350$	-0.578** (12.22)
SI_{it} $21.350 < \lambda < 64.141$	-0.603** (13.72)
SI_{it} $\lambda > 64.141$	-0.825** (-14.29)
SI_{it}^2	-1.471*** (-23.183)
SI_{it-1}	0.762***
Sargan 检验	3.347 [0.877]
AR	0.564 [0.516]

注：***、**、* 分别表示在1%、5%和10%的显著水平上拒绝原假设，圆括号为 t 统计量，方括号内为 p 值。

基于以上分析可知，异质信念与投资者情绪存在显著的影响关系，在投资者对于未来预期不确定的情况下，异质信念表现出刚性，当投资者情绪高涨和低落时，异质信念就比较容易撼动，进而影响投资者做出投资决策，从而使股票价格产生偏离影响。投资者在情绪低落期的变化更为突出，偏离程度高于情绪高涨期，所有在情绪低落期投资者的信念转变更具有情绪刚性，不易发生改变，正好对应结果中2个门槛值划分的三个作用区间：（$Si \leq 21.35$），（$21.35 \leq Si \leq 64.14$），（$Si \geq 64.14$）。三个区间内系数正负不同，说明投资者情绪在异质信念相互作用中，异质信念既有对投资者情绪抑制的作用也有对异质信念的推动作用，证实了前面的假设，当异质信念发生转变时，就是到达门槛值时即得到突变点。从结果上看，异质信念与投资者情绪存在不同的作用区间，两者在不同的区间内产生不同的作用后果，也说明异质信念与投资者情绪的交互作用存在连续性，产生不同的交互作用,体现在实际中为,股市上涨和下跌的刚性,与突发性行情的不可持续性,以及市场上出现的"板块轮动"等都是异质信念与投资者情绪交互作用下产生的不同作用后果。

第三节 投资者情绪与异质信念交互作用下对股票价格波动性的影响检验

由于我国股市一直被定义为"政策市",因此股市价格的波动更易受情绪因子的影响,非理性程度更强。股市价格波动与情绪因素之间也是相互影响的关系,在情绪高涨期情绪因素能够推动股市价格的上涨,在情绪平和期投资者更为理性一些,大多采取理性的投资决策,在情绪的低落期情绪因素能够使股市价格预期下跌,更易引发出不理性因素,反之,股市价格的上涨也会引发投资者的投资情绪高涨进而易形成股市泡沫,但在情绪低落区股市价格的下跌也会促进投资者果断离场,进而引发股市的新低,基于以上分析,情绪因素与股市价格波动是互为影响的关系,因此本部分将采用面板向量自回归模型(PVAR)来进行分析。模型的不同之处在于可以单纯地进行变量影响关系的动态检验,而不用验证变量间的内生性和外生性,也不需要基于理论基础对变量的逻辑关系进行推导,模型只是将变量放入模型进行动态影响关系的检验,以及滞后关系的检验,利用脉冲分析以及方差分解来对各变量之间的影响关系来进行分析。

一、面板向量自回归模型(PVAR)的构建

Sims(1980)[134]曾指出面板向量自回归模型并不依赖某个经济理论所设定的变量之间的关系,将所有变量都视为内生变量,根据变量的滞后项来验证变量间的关系。因为个体间存在异质性,所以选用面板数据向量自

回归方法，该模型也可以在异质性存在的条件下合理地消除异质性对总体结果的影响。面板数据向量自回归模型如下：

$$SI_{it} = \alpha_{10}^n + \sum_{j=1}^{m} a_{1j} Vola_{it-j} + \sum_{j=1}^{m} \beta_{1j} Index_{it-j} + \varepsilon_{et} \tag{5.20}$$

$$Vola_{it} = \alpha_{20}^n + \sum_{j=1}^{m} a_{2j} SI_{it-j} + \sum_{j=1}^{m} \beta_{2j} Index_{it-j} + \varepsilon_{yt} \tag{5.21}$$

$$Index_{it} = \alpha_{30}^n + \sum_{j=1}^{m} a_{3j} Vola_{it-j} + \sum_{j=1}^{m} \beta_{3j} SI_{it-j} + \varepsilon_{zt} \tag{5.22}$$

其中，i 表示不同板块，t 表示时间；模型中 SI_{it} 表示 i 板块第 t 日的异质信念与投资者情交互值（情绪交互因素），$Vola_{it}$ 表示 i 板块第 t 日的价格波动率，$Index_{it}$ 表示 i 板块第 t 日的对数收益率。

在此模型中引入固定效应是为了反映每个横截面之间的异质性，是因为我们在应用 PVAR 方法时会对数据有一个假定，即横截面的结构是同质的，但实际上这是很难满足的。基于固定效应与因变量的滞后项相关，采用传统的均值差分程序去除固定效应的方法会出现估计量有偏的现象，所以我们选用 Helmert procedure (Arellano and Bovver, 1995)[135] 的方法来确保变换变量和滞后回归项具有正交性，同时可采用系统 GMM 的方法并以滞后回归项作为工具变量来进行估计。

二、模型的相关检验和实证结果

1. 数据平稳性检验。

为避免出现"伪回归"和消除异方差，对各指标数据进行取对数和差分处理，并进行平稳性检验。根据面板数据的特点采用面板数据模型的单位根检验。根据需要选择了两种面板数据单位根检验方法：LLC 检验（共同单位根检验）和 IPS 检验（个体单位根检验）。这两种方法都基于面板数据是非平稳的原假设，所以只要检验结果都表示拒绝是平稳的。

2. 面板 VAR 最优滞后项选择。

在对模型的最优滞后项进行选择时，基于 AIC、BIC、HQIC 的三种参考标准,依据模型的有效性和稳定性进行最优滞后项选择,所以最优滞后项为 3 阶,结果如表 5.19 所示。

表 5.19　　　　　　　PVAR 模型滞后项选择标准

滞后期	AIC	BIC	HQIC
1	66.4916	68.1335	67.0224
2	62.8424	64.5457	63.3939
3	61.9356*	63.7042*	62.5092*
4	62.225	64.0635	62.8224

注:*为各准则下的最优滞后选择,最优滞后期为滞后 3 期。

3. 格兰杰因果检验。

对模型进行 Granger 因果关系检验,进一步探讨两者的关系。

从表 5.20 可见,股票对数收益率和波动率都是情绪交互因素变化的格兰杰原因,股票波动率不是股票对数收益率的统计学原因,股票对数收益率是情绪交互因素和波动率的格兰杰原因,但股票对数收益率不是股票波动率的格兰杰原因,仅在 10% 的显著水平上显著,究其原因,情绪交互因素受日内及滞后几期的价格波动的影响,但是日内股票波动率在短期并不能影响股票的收益率,说明情绪因素导致的变动不足以超过其他因素的影响,因此,情绪交互因素与股票波动率互为格兰杰原因,且统计学上显著,表明波动率的变化会引发情绪交互的变动进而影响决策,情绪交互因素的变化也显著影响股票波动率的变化,所以与之前的假设相符。

表 5.20　　　　PVAR 模型各变量之间的因果检验结果

原假设	P 值
h_SI 不是 h_Vola 的 Granger 原因	0.025
h_SI 不是 h_Index 的 Granger 原因	0.001
h_Vola 不是 h_SI 的 Granger 原因	0.003
h_Vola 不是 h_Index 的 Granger 原因	0.125
h_Index 不是 h_SI 的 Granger 原因	0.003
h_Index 不是 h_Vola 的 Granger 原因	0.070

4. 脉冲反应。

脉冲反应是指通过蒙特卡洛模拟计算的方法，描述变量对于新息冲击的反应，在图5.8中横轴代表滞后除数，纵轴代表变量对于新息冲击的响应程度，图5.8中是在95%置信区间上蒙特卡罗模拟200次得到的脉冲响应函数结果。

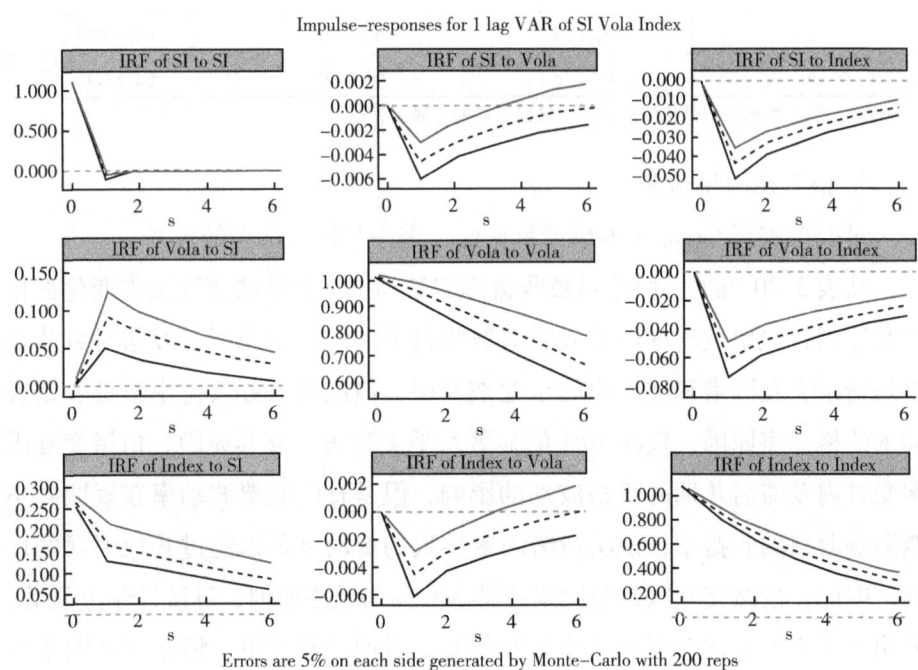

图5.8 情绪交互因素、股票对数收益率、股票波动率变化的脉冲响应

情绪交互因素对股票波动率在第1期有一个负向的冲击，6期后趋于平缓，情绪交互因素对股票对数收益率也有一个负向的冲击，第3期后趋于平缓但影响一直存在，波动率对情绪交互因素有一个正向的冲击，第2期后趋于平缓；股票对数收益率对情绪交互因素有一个正向的冲击，第2期之后趋于平缓；股票对数收益率对股票波动率有一个负向的冲击，第4期之后趋于平缓。以上分析可知，情绪交互因素对于股票波动率和对数收益率的影响更具有溢出性持续性，情绪交互因素的变动会在更大程度上导

致波动率的变动,这也是我国股市个体投资者跟风投资的原因,股票波动率的变动并不能影响股票对数收益率的变动是因为我国股市有涨跌幅的限制,短期的波动率变化在一个可接受的区间内变动,不会引起股票收益率大的变动,但是长期来看股票波动率对于对数收益率的影响也是显著的。

本部分从理论角度和实证的角度分析了情绪交互因素和股票对数收益率及股票波动率的相互作用关系,运用了面板向量自回归模型进行实证分析,结果表明情绪交互因素能够作用于投资者的决策行为进而影响股票对数收益率以及波动率,基于我国股市的特点,散户数量居多,再加上卖空限制情绪因素有时无法释放,反映到股市上就是波动明显,股市价格包含情绪泡沫,短期内投资者的情绪交互因素占据主要影响位置,容易引发"羊群"行为和暴涨暴跌现象。因此建议应加强管理各类不实消息的传播,理性地进行投资,同时投资者提高自身专业素养,能够识别股市的各种价格"陷阱",更加注重对股票的价值分析和理性探讨,避免追涨杀跌和与人"抬轿"的行为。

从以上实证检验的结论中可以得出,异质信念与投资者情绪间存在双向溢出效应,且存在显著的双门槛效应,证明了第二章提出的假设 1 和假设 2,异质信念与投资者情绪间存在交互作用,且存在结构突变点。

三、实证分析

根据实证结果,异质信念相比短期的投资者情绪更具有稳定性,在异质信念的长期状态下投资者情绪更容易调节。非理性情绪因素是造成股市异常波动的主要因素,若监管部门能够在情绪因素的角度下对监管制度进行完善将会大幅提高我国金融市场的运作效率,有效避免非理性情绪带来的剧烈波动,使偏离的股票价格回归正常的区间波动,也能够使投资者处于一个公开有效的市场环境中进行投资。一方面,由于我国股市成立时间不长,相比于一些发达国家一百多年发展的历史,我国股市仅有二十多年的发展历程；另一方面，从投资者的角度来讲，投资者的素质与专业知识参差不齐，投资者情绪与异质信念更易发生偏移与传染，往往投资者愿意相信投资界的神话故事，将投资视作运气投入股市，所以这种情况下更易导致投资者情绪的蔓延和信念的分歧程度增加，出于投资者的专业知识掌握不足投资行为才更容易受到投资者情绪的驱动与传染，异质信念才易发生动摇，对于股票价格泡沫的生成起到推动的作用。

此外，监管部门一直非常关注股市涨跌。这种关注往往是通过出台政策举措运用行政手段以及进行舆论引导等方式来体现的。当市场陷入长期低迷时，监管部门就会放缓新股发行节奏甚至暂停发行，鼓励社会资金积极入市并提供相应的便利条件，放松日常监管，出台降息、减收印花税等利好政策，通过媒体吹暖风、组织专家看多市场。当市场过热时，就会加快新股发行节奏，强化日常监管，实施各种紧缩政策，授意媒体加大风险提示力度。上述这些动作随着股指周期性变化而反复循环出现。从实际效果来看，只能说短期内可以起到一定的作用，多管齐下使市场在一定程度上朝着监管部门期待的方向运行，但从中长期来看，并不能达到预期的效果。甚至还有一些滞后的影响，会导致市场后续的波动性变得更大。监管部门对股市涨跌的过度关注，导致我国难以摆脱政策市的"帽子"，这与市场经济的根本要求相违背，也会导致相关政策缺乏稳定性，且会使政府公信力受到挑战。政策变化频繁，既给市场带来了很大的不确定性，也让投资者对市场走势的判断受到了很大的干扰，还严重影响了这些政策的严肃性以及监管部门的权威性，体现出了一定的负面效应。

由于监管部门对股市波动的过度关注，导致相关政策的调整过于频繁，监管层将股市的上涨看作政绩，他们对于股市的涨跌有主观的愿望；另一个原因是投资者将股市的涨跌视作监管部门的主观意愿与调整后的结果，因而监管层一直以来对于股市的涨跌放到政策调控的重点上。另外，我国的经济多年来一直持续高速增长，虽然现在增长速度有些下降，但是相比其他国家增长速度仍居前列。而作为"经济晴雨表"的我国股市，却长期萎靡不振，短期的小牛市后是长期的熊市。反观美国经济虽增长速度低于我国，股市却是长期持续且稳定的牛市，这说明我国股市确实存在很大的问题，信念与情绪的稳定必然会促进股市发展的稳定，因此需要监管部门对管理制度进行进一步完善。

首先，有待进一步完善交易机制。我国目前卖空限制的门槛较高，融资融券业务开展得不够，总体卖空的业务量占整个市场的交易量比例很小，还不到1%，就导致投资者的悲观情绪无处释放，这样会造成投资者的悲观情绪不断积累，无法对冲，在推高或降低股票价格后，容易造成股票市场急涨急跌的现象。所以市场交易机制有待改善，应当尽量拓宽卖空渠道实现融资融券的全面化，适当培育证券市场的做空意识，推进各证券公司拓展融资融券业务，并对于风险承受能力较小的投资者有针对性地卖空产品，进而达到优化投资者结构的目的。

其次，投资者情绪是市场急剧变化的一个重要原因，有必要对投资者情绪加以重视。目前随着互联网的发展，消息传播速度很快，信息多且乱，不实消息和各种所谓的小道消息也多，投资者面对众多的信息没有完全的甄别能力，容易被引导，所以监管部门应当加强对信息源的管理，对不实信息加以管控，从宏观环境上肃清各种纷乱的信息，对市场环境进行完善，营造一个理性的市场环境，政府还应加强对市场的管理和对投资者的专业教育。稳定的股市环境有助于社会和经济的稳定发展，对投资者情绪的全面理解也有助于监管部门有针对性地做出政策调整，在长期政策上有助于投资者的信念调整，在短期政策上，有助于加强对投资者情绪的引导，对投资者进行分层的管理，不同类型的投资者或者不同情绪阶段的投资者使股市价格在合理的范围内调整，减少市场上的非系统性风险。

再次，应加强投资者自身的专业教育以及风险意识的培养，提高对风险的认知能力，应当理性地看待市场现象，避免跟风投资、追涨杀跌的行为，对于悲观情绪的释放采取一定的理性心理来看待。在投资过程中对投资者自身所表现出的投资心理弊端，锚定效应、处置效应及过度自信加以克服，在投资决策前理性地区分，不要被不理性的情绪左右，加强对自身不良情绪的管理。

最后，应加强对交易信息的监管，对于信息的披露和信息的可追溯性加强管理。投资者特别是个体投资者处于信息不对称的负面影响下，获取信息具有一定的滞后性，这样容易引起投资者的非理性跟风行为从而做出情绪性的投资行为，进而形成股市的暴涨暴跌现象和"羊群"现象，故应加强对上市信息的披露管理，同时需要对进行披露信息的中介机构及其内部人员加强监管，对披露的信息承担相应的责任和追溯责任，对于不实信息加强惩罚力度，以起到肃清市场不实信息发布的作用。

本章小结

通过实证分析来验证前面提出的异质信念和投资者情绪相互影响的机理，首先对异质信念的度量指标进行了论证，采用了分析师预测分歧作为异质信念的代理指标，是因为分析师具备的专业知识及具有完善的专业素养，更重要的是他们身处于信息更充分的市场交易体系中，能够有效规避信息不对称所产生的选择偏差，并且分析师多数是以团队的形式进行预测，所以分析师的预测结果更能体现出投资者比较理性的部分，他们的预测分歧更能准确地刻画投资者的异质信念。另外，个体投资者和一些机构更倾向于参考分析师预测，所以分析师预测分歧也能更好地代表异质信念，同时也能避免与投资者情绪的代理指标产生内生性问题，这样才能使估计的结果更为有效和无偏。

对于投资者情绪的指标构建，本章选取了一系列的交易市场指标：交易量、换手率、波动率、指数收益率、投资者信心指数以及投资者新开户数等，通过 HP 滤波将一些宏观影响因素剔除，利用偏最小二乘法提取对投资者情绪进行提取，构建投资者情绪的指标体系。

在考察两者的作用机理上,通过应用 BEKK – VAR – GARCH 模型来验证异质信念与投资者情绪之间的互为因果的生成关系,经过实证发现两者之间存在显著的波动溢出效应,且投资者情绪的影响程度要大于异质信念的影响程度。

在考察投资者情绪与异质信念的影响程度上,本章选用了动态面板门槛模型来进行测量,基于投资者情绪和异质信念的生成特点,均是与上一期的表现显著相关,所以静态面板数据的门槛模型显然不再适用。动态面板门槛采用构造样本矩引入权重矩阵进行 GMM 估计,并通过 Bootstrap 自举法重复抽样 500 次来计算出置信区间,进而求得门槛值,结果说明投资者情绪与异质信念之间存在显著的非线性关系,呈倒"U"形,投资者情绪在上涨时期能够显著影响异质信念的生成,而在投资者情绪低落时期,异质信念则更不易发生转变,市场表现为上涨的投资者更易于推动,体现在投资者在获得收益后更倾向于追加投资以得到更大的收益,而在情绪低落期,投资者更倾向于落袋为安,持有收益后退出市场交易,所以在悲观的异质信念下投资者情绪的粘性更大,但是在投资者情绪影响异质信念进行转变时更易发生恐慌,而导致更多的跟风现象出现,也就是恐慌会加速传染而不易发生改变。例如,我国在 2015 年的两次熔断反应,投资者基于悲观的预期对于任何消息冲击都会加剧悲观情绪的释放,而异质信念则很难进行转变。

通过构建面板向量自回归模型,本章发现异质信念与投资者情绪交互因素能够作用于投资者的决策行为从而影响股票对数收益率以及价格波动率,由于散户投资者数量居多,占比很大,同时由于政策上卖空限制,投资者情绪的悲观预期有时无法得到释放,加剧股市的波动性程度,价格中包含情绪泡沫,在短期内投资者的非理性情绪占据主导影响位置,容易引发"羊群"行为和暴涨暴跌现象。

通过实证后本章验证了前面提出的假设,异质信念可与投资者情绪交互作用,并且存在一个作用区间,存在突变点,在交互作用下对股票价格偏离产生主要的影响，因此说明对于异质信念与投资者情绪间的交互作用机理的相关研究是有意义的。针对投资者情绪所处阶段的不同采取不同的有针对性政策，对应短期的情绪变化采取短期的刺激政策，对于长期性的情绪引导采用稳健的政策来引领大方向的指导。对于情绪突变期的变化对策也应考虑系统性和整体性的交互作用而采取与其他作用区间不同的政策引导。

第六章

异质信念与投资者情绪交互作用下对资产定价的实证检验

结合第四章的仿真结果以及第五章的实证结果,投资者异质信念与投资者情绪交互作用下能够对市场价格波动产生影响,甚至会对资产定价产生偏移。在当今的金融市场中,各种市场异象频繁出现,传统的相关理论无法对此类异象作出合理解释,行为理论逐渐形成,异质信念与投资者情绪则是行为研究领域中发展较快的一部分,学术界广泛认同异质信念形成的机制是渐进信息流、先验信念和有限关注,同时发展起来的理论模型也是以此为基础建立的噪声交易模型、基于共同信息的异质信念模型和基于不同先验信念的异质信念模型。张静和王生年(2017)[136]曾对异质信念与资产误定价进行了研究,发现异质信念能够对资产误定价产生正向的影响,而对于投资者情绪的研究则更多一些,且更偏向于实证的分析,通过构建投资者情绪指标研究其对市场整体、市场收益和预测能力以及资产定价的影响。

传统的资产定价模型 CAPM 的两个假设前提是理性投资者和资本市场有效且是完全有效,但是这两个假设遭到了众多学者的质疑,现实情况下两个假设并不能得到满足,市场并非完全有效,投资者也是具有异质性的,即存在异质信念。事实证明,资本市场上出现的动量效应、股权溢价等大量异象,传统的资本资产定价模型并不能解释,特别是我国股票市场上频繁出现的同涨同跌现象，板块轮动现象以及"羊群"现象，需要行为理论才能解释这些行为的偏差，是基于心理和情绪对投资者行为的影响进而对资产定价产生了影响。

邓学斌和高鲜（2020）[125]通过研究发现投资者情绪能够影响收益率，同时也具备对超额收益的解释力，可以作为我国股市的资产定价因子。赵胜民等（2016）[122]经研究发现三因子模型更符合我国市场的实际情况，由于资本市场上的复杂现象，传统理论关于"理性人"的假设受到挑战，实际上，投资者的决策行为受到情绪因素影响后而发生改变，也会造成资产定价产生偏移。传统的 Fama – French 三因子模型解释力有一定的局限性，不能完全刻画价格的影响过程，因此可以将投资者情绪因素纳入模型中来，拓展模型的应用。史永东和程航（2019）[137]也通过实证研究了投资者情绪对资产定价的重要影响。

第一节 资产定价影响分析

根据前面所做的分析，资产定价理论是建立在人完全理性、市场完全有效和信息对称的假设条件之上进行研究的。但是从最早提出的 CAPM 模型到目前广泛应用的三因子模型、四因子模型、五因子模型和六因子模型等一直存在研究结论上的争议，从单一因子到六因子，逐渐加入了市场因子、市值因子、规模因子、盈利因子、投资因子、动量因子等，沈艺峰[138]认为资产定价模型应纳入行为因素，因为资产定价过程与投资者的心理特征与行为有很大的相关性，事实上"动量因子"就是由行为上的因素构成。以上各种资产定价模型结果均存在争议，相关研究仍在继续。

三因子模型表示如下：

$$R_i - r_f = a_i + b_i(R_m - r_f) + S_i^{SMB} + h_i^{HML} + \varepsilon_i \tag{6.1}$$

其中，$(R_m - r_f)$ 是市场组合中的超额收益；SMB 代表规模不同的股票组合收益的差异,即规模溢价;HML 是投资组合的价值差异,即价值溢价。但是在实际运用过程中,三因素模型的实证效果存在偏差,并不能解释市场上的一些异象,如投资异象与盈利异象等,模型解释力不足,因此影响资产定价的因素除了规模因子、价值因子和市场因子外,一些学者根据我国市场上的实际情况,在三因子模型的相关的研究中加入了投资者情绪因子,以投资者情绪为条件信息,引入资产定价模型,增强了资产定价模型的效率,同时也通过证明发现投资者情绪确实对资本市场异象有重要解释作用。基于第二章和第三章的分析,情绪因素是推动价格的重要因素,能够反映投资者预期的变化,进而影响到资产定价,因此模型应改进为:

$$R_{it} - r_f = a_0 + \alpha_1(R_{mt} - r_f) + \alpha_2 SMB_t + \alpha_3 HML_t + \alpha_4 S_{iK} + \varepsilon_i \tag{6.2}$$

其中,S_{iK} 为情绪因素,情绪因素由不同阶段的情绪变化构成。情绪值的不同能够形成不同的资产定价,因此可以看出情绪因素是资产定价的重要影响因素。

第二节 资产定价模型在中国市场的适应性改进

资产定价模型首先是在国外被提出的,但是我国的经济体制和发展状况与国外的并不相同,赵胜民等(2016)[122]研究发现,三因子模型的解释力更与我国的实际情况相贴合,规模效应与价值效应显著。Liu 和 Yuan (2019)[126]应用三因子模型对中国市场做了相关研究,认为将规模因子中去掉30%市值最小的公司,价值因子取市盈率/价格后,结果更能符合中国资本市场的定价。

HS 模型就是基于投资者有限理性和市场非有效前提下的行为模型。胡雁艳(2004)[139]应用 HS 模型验证了 A 股市场上的动量效应及反转效应,该模型将投资者分为两种类型,信息观察者和惯性交易者,这与我国目前的股票市场上的交易者类型相吻合,机构投资者身处资本市场的交易中心,具备天然的优势,能够占有更多的信息;而个体投资者只是依据自己的已有的信息(历史信息)来进行交易,随着交易的深入,一部分少数人占有的消息变为公共信息,个体投资者的信息具有延迟性,所以短时间内会造成股票价格的过度反应。之后会随着交易者的增多、信息的传播速度加快,股价所受的影响效应越来越小,最后股价回归正常,这是一个或长或短的过程,过程的长短取决于投资者异质信念的转变和投资者情绪对于行为的影响程度。

本章采用了前面所得出的投资者情绪和异质信念的相关数据以及股市的相关交易数据,应用 Hong 和 Stein(1999)[45]提出的 HS 模型,在递归效用函数求得最大化的条件下,将异质信念和投资者情绪构成的情绪交互因素引入 HS 模型中,实证分析异质信念下投资者情绪对资产定价的影响。本章将分为三个部分进行实证分析。

第一部分,从整体上论证了投资者情绪与异质信念的关系,通过对样本数据的分析,将异质信念与投资者情绪的交互作用的影响做了具体的分析,所以将引入异质信念与投资者情绪构建的情绪交互因素。

第二部分,将投资者分为两种类型:机构投资者和个体投资者,来模拟股票市场的真实交易情况进行分析。机构投资者占有信息具有优先性,属于信息观察者,能够及时调整交易策略;个体投资者属于惯性交易者,占有的信息较前者晚,依据自己所拥有的历史信息进行交易。机构投资者的信息反映在股份变化上,个体投资者根据价格变化跟随机构投资者进行交易,从而造成了供需的变化,也导致了股价一开始的反应不足和信息暴露后的反应过度。

第三部分,将在效用递归函数的最大化框架下进行讨论和分析,并通过构建股票组合来进行实证的分析,研究异质信念投资者情绪因子(情绪交互因素)的变化对股票价格及其波动性产生的影响程度,并进行与模型相关的稳健性检验。

第三节　加入情绪交互因素后的资产定价模型实证检验

一、Fama-French 三因子模型

为了测算投资者情绪对资产定价的影响又加入了改进后的 Fama 和 French（1993）[100]提出的三因子模型，即将情绪交互因素引入三因子模型中，将估计结果作为对比来进行相关解释。

$$R_i - r_f = a_i + b_i(R_m - r_f) + S_i^{SMB} + h_i^{HML} + \varepsilon_i \tag{6.3}$$

其中，$(R_m - r_f)$ 是市场组合中的超额收益；SMB 代表规模不同的股票组合收益的差异，即规模溢价；HML 是投资组合的价值差异，即价值溢价。Cliff（2005）[51]也基于三因子模型建立了投资者情绪因子的资产定价模型来进行分析。Ho 和 Hung（2009）[140]在相关的研究中加入了投资者情绪因子、公司规模和账面市值比，引入资产定价模型，增强了资产定价模型的效率，同时也通过证明发现投资者情绪确实有对资本市场异象的重要解释作用。

改进后的三因子模型为：

$$R_{it} - r_f = a_0 + \beta_1(R_{mt} - r_f) + \beta_2 SMB_t + \beta_3 HML_t + \beta_4 F_i + \varepsilon_i \tag{6.4}$$

$$\begin{cases} F_{i1} = a_1 + D_{it}\varphi_1 + D_{it} \cdot S_{it}q_{it} \geq \gamma_1 \\ F_{i2} = a_3 + D_{it}\varphi_1 + q_{it}\varphi_3 + D_{it} \cdot S_{it}\gamma_1 < q_{it} < \gamma_2 \\ F_{i3} = a_2 + D_{it}\varphi_1 + q_{it}\varphi_2 + D_{it} \cdot S_{it}q_{it} < \gamma_2 \end{cases} \tag{6.5}$$

其中，R_{it} 为 t 时刻的投资组合收益率，r_f 为无风险收益率，R_{mt} 为资产组合 t 时期的收益率；$R_{mt} - r_f$ 为超额收益率；SMB_t 为规模平均收益率差额，HML_t 为价值差异下的股票平均收益率的差值，F_i 为情绪交互因素。构造一个投资组合，分阶段进行回归对比。按大部分的研究方法将 A 股去掉 30% 的小市值公司，因我国公司上市存在"买壳上市"的现象，会导致公

司价值与实际情况不符,因此去掉这部分小市值公司的干扰,以反映我国上市公司的真实情况,同时划分为 25 个投资组合,取三段时期的分别做 Fama – French 三因子模型。

加入情绪因子改造后的三因子模型,经过对沪深股市进行研究,分别取情绪上涨期、情绪缓和期和情绪低落期进行研究,发现 Fama – French 模型的拟合度有显著提高,同时也表明情绪因素是影响我国资本市场定价的重要影响因素。

从表 6.1 中可以看出,加入情绪因子后模型的常数项不显著,正好符合模型的假设,投资者手中不愿意持有卖空的投资组合,这是基于我国现实情况所做出的合理推断,事实情况是,投资者并非不愿持有,而国家对于卖空的限制,卖空的门槛很高,多数投资者并不能达到,因而无法持有卖空头寸,投资者对于收益方差的错估体现在对市场的认识不清上,非理性的投资者情绪占据上风,或者说是在投资者情绪高涨时投资者会愿意进行投资冒险获取收益,往往此时的噪声最大,导致投资者错估收益方差造成投资失败或者得不到想要的获利。

二、HS 模型

本章仍选用 2014 年 4 月到 2018 年 12 月的股票交易数据来考察情绪因素在不同区间对股票价格的影响,与前面的分析方法一致,采用板块分类的方法进行分析。将前面面板门槛模型所得的门槛值划分为三个区间构造情绪交互因子。

情绪交互因子:

$$F_{i1} = a_1 + D_{it}\varphi_1 + D_{it} \cdot S_{it}q_{it} \geqslant \gamma_1$$
$$F_{i2} = a_3 + D_{it}\varphi_1 + q_{it}\varphi_3 + D_{it} \cdot S_{it}\gamma_1 < q_{it} < \gamma_2$$
$$F_{i3} = a_2 + D_{it}\varphi_1 + q_{it}\varphi_2 + D_{it} \cdot S_{it}q_{it} < \gamma_2 \tag{6.6}$$

据前面求得 $\gamma_1 = 21.350$;

第六章 异质信念与投资者情绪交互作用下对资产定价的实证检验

表 6.1 加入情绪交互因子的三因素模型有效性检验

规模	账面市值比									
	Low	2	3	4	High	Low	2	3	4	High
	a(截距)					t(a)				
Low	-0.081	-0.723	-0.037	0.0198	0.0125	0.040	0.033	0.030	0.031	0.000
2	-0.596**	-0.267	0.255*	-0.132	-0.109	-1.150	-0.626	0.584	-0.347	-0.260
3	-0.536	-0.431	0.072	0.153	-0.060	-0.970	-1.074	0.168	0.333	-0.112
4	-0.217	-0.419	-0.818*	-0.341	-0.005	-0.447	-0.908	-1.952	-0.698	-0.012
High	0.480	0.591	-0.046	-1.658***	0.087	1.069	1.363	-0.114	-3.180	0.189
	b(MKT系数)					t(b)				
Low	0.994***	0.985***	0.995***	1.003***	1.009***	37.159	39.133	60.031	47.118	38.501
2	1.010***	0.999***	0.994***	1.022***	1.012***	33.316	55.669	50.882	53.541	60.600
3	0.984***	0.990***	1.026***	1.046***	1.027***	44.746	50.926	51.148	47.911	57.656
4	0.963***	1.062***	1.050***	1.077***	1.062***	39.844	44.888	44.599	48.808	51.208
High	0.990***	1.031***	1.073***	1.006***	0.953***	48.743	51.444	39.330	46.268	36.337
	s(SMB系数)					t(s)				
Low	1.059***	1.065***	1.121***	1.060***	1.058***	18.902	19.331	26.748	18.875	16.397
2	0.970***	0.888***	0.875***	1.050***	0.845***	14.953	19.757	13.581	22.274	19.161
3	0.713***	0.826***	0.738***	0.810***	0.638***	13.617	11.869	12.932	15.266	12.705
4	0.451***	0.512***	0.525***	0.547***	0.385***	7.652	7.192	7.904	10.128	7.498
High	-0.350***	-0.223***	-0.048	-0.121*	-0.413***	-6.043	-5.028	-0.538	-1.671	-8.650

续表

规模	账面市值比				
	Low	2	3	4	High
	h (HML 系数)				
Low	−0.329***	−0.273**	−0.161***	−0.075	0.251***
2	−0.417***	−0.303***	−0.165**	0.084	0.335***
3	−0.627***	−0.350***	−0.134***	0.023	0.350***
4	−0.733***	−0.333***	−0.104*	0.185***	0.451***
High	−0.971	−0.420***	0.064	0.335***	0.539***
	t (h)				
Low	−3.618	−4.603	−3.736	−1.425	3.639
2	−6.421	−5.147	−2.271	1.593	8.366
3	−9.353	−5.553	−2.780	0.467	7.458
4	−12.890	−4.421	−1.719	3.550	7.918
High	−15.078	−7.767	0.608	4.001	8.701
	SI				
Low	0.011	0.080**	0.027	0.011***	0.012
2	0.022	0.028	−0.001	0.015	0.007
3	0.028	0.033	−0.011	−0.015	0.006
4	0.012	0.032	0.067**	0.026	−0.007
High	−0.021	−0.042**	0.002	0.130***	−0.001
	s (e)				
Low	0.2697	2.4147	0.9218	0.37036	0.4301
2	0.5391	0.7615	−0.0238	0.5269	0.2263
3	0.6650	1.07321	−0.3224	−0.4480	0.1503
4	0.2995	0.8406	2.0576	0.7368	−0.2115
High	−0.6001	−1.3258	0.0606	3.1280	−0.0288
	Adj−R^2				
Low	0.930	0.962	0.968	0.965	0.955
2	0.945	0.957	0.954	0.964	0.962
3	0.950	0.959	0.957	0.959	0.950
4	0.932	0.938	0.944	0.949	0.952
High	0.940	0.931	0.920	0.912	0.939
	s (e)				
Low	2.770	1.990	1.823	1.893	2.129
2	2.431	2.056	2.086	1.928	1.872
3	2.192	1.962	2.011	1.986	2.091
4	2.415	2.409	2.254	2.167	2.041
High	2.072	2.236	2.541	2.537	2.009

注：*** 表示在1%水平上显著，** 表示在5%水平上显著，* 表示在10%水平上显著。

$\gamma_2 = 64.141$。

可求得 F_{i1}、F_{i2}、F_{i3} 的值。

在递归效用函数中可知：

$$U_t = \left[(1-\beta)E_t \left\{ \sum_{k=0}^{\infty} \beta^k C_{t+1}^{1-\rho} \right\} + \lim_{j \to \infty} \beta^j E_t U_{t+1}^{\frac{1-\rho}{1-\gamma}} \right]^{\frac{1-\gamma}{1-\rho}} \quad (6.7)$$

在帕累托最优时，本期与下一期都取最大值才能达到均衡，从而得到均衡价格。

1999年，Hong 和 Stein 建立了 HS 模型，将市场中存在2种交易者作为前提假设，信息挖掘者和惯性交易者也就是机构投资者和个体投资者，假定消息只在少数人手中时，当时市场只有机构投资者，则价格对信息的反应缓慢，会存在价格反应不足的现象，但是此时不存在反应过度的现象，t 时期的价格 P_t 为：

$$P_t = D_t + \frac{[(z-1)\varepsilon_{t+1} + (z-2)\varepsilon_{t+2} + \cdots + \varepsilon_{t+z-1}]}{z} - \theta Q \quad (6.8)$$

其中，D_t 为 t 时期的股利，z 代表信息的传播速度，θ 是信息挖掘者的风险规避和 ε 的方差的函数，Q 为资产的供给。随着个体投资者对历史信息的挖掘，根据价格趋势加入市场交易后，价格 P_t 可表示为：

$$P_t = D_t + \frac{[(z-1)\varepsilon_{t+1} + (z-2)\varepsilon_{t+2} + \cdots + \varepsilon_{t+z-1}]}{z} - Q + jA + F_i \sum_{i=1}^{j} \text{Ø} \Delta P_{t-i} \quad (6.9)$$

其中，A 为常数，Ø 为弹性参数，j 代表动量投资者的次序，$jA + \sum_{i=1}^{j} \text{Ø} \Delta P_{t-i}$ 代表消息观望者也就是后入的个体投资者所能吸收的供给量，Ø 是个体投资者的最优化形式。

可见 HS 模型的有限理性假设是有广泛的可信性的与现实情况相吻合。市场上较早的信息交易者会给后期进入股票市场的投资者带来负面的影响。

当机构投资者在时期 t 确定交易规模时，需要用过去的价格为基础来预测 $(p_{t+j} - p_t)$，假定价格预测需要累积过去 k 阶段价格变化，即 $(p_{t-1} - p_{t-k-1})$，为简化过程，设为 k=1，可得价格预测为 $(p_{t-1} - p_{t-2})$，根据模型设定，个体投资者所吸收的供给为 $Q - jA - F_j \sum_{i=1}^{j} \emptyset \Delta P_{t-i}$；可知 $\emptyset \Delta P_{t-i}$ 的最大化为：

$$\emptyset \Delta P_{t-i} = \frac{\rho E_M(P_{t+j} - P_t)}{var_M(P_{t+j} - P_t)} \qquad (6.10)$$

其中，ρ 为投资者的风险整体容忍度，E_M、var_M 是 $(p_{t-1} - p_{t-2})$ 的均值以及方差，故在均衡状态下可求得 $\emptyset$：

$$\emptyset = \rho cov((p_{t+j} - p_t, \Delta p_{t-j})) / \{var(\Delta P) var_M(p_{t+j} - p_t)\} \qquad (6.11)$$

由式（6.11）可知，$\emptyset$ 的取值在（-1, 1），可得到均衡状态，投资者是有限理性的情况，理性行为与情绪因子和价格趋势的变化相关联。在均衡状态下，在某时期 t，存在正向冲击 ε_{t+x-1} 时，在投资者中会出现反应过度的现象，价格在此时期累积大于 1，在个体投资者中会在累积信息冲击后达到最高值而后变成 1，由于个体投资者的存在，价格的变化会呈现出负自相关，在个体投资者与机构投资者之间存在相互作用的关系，当机构投资者得到好消息时立即进行买入决策，但此时的动量效应小，市场上表现为反应不足，等个体投资者观察到价格变化趋势后进行跟风买入行为，加大了动量效应，进而引起更多的人买入，但是此时市场上的效应为负，价格变化过激，市场表现为反应过度，这样会造成价格的快速反转和下跌（见表6.2）。

表 6.2　　　　　　　　　　HS 模型实证结果

系数	统计量
$\emptyset$	0.756***
p_1	0.875***
p_2	0.382*
p_3	-0.542***
R^2	0.7801

注：***、**、* 分别代表在 1%、5%、10% 水平上显著。

估计结果表明，在均衡状态下，异质信念和投资者情绪的综合影响下，分为三个区间进行估计，依据动态面板门槛模型的结果将其分为投资者情绪上涨期、平和期、低落期，在三个区间内达到三种均衡价格，在投资者情绪的上涨期价格指数最为显著，说明投资者情绪作为影响价格的主要因子，能够推动这个区间内股票价格的上涨，在投资者情绪的平和期，价格指数与投资者情绪的相关性弱一些，说明投资者在情绪相对稳定的时期更趋于理性投资，更注重价格本身的内涵，一些价值投资者会以平和的心态进行投资决策，此时投资者之间分歧不大，或者说是多空双方力量相当能够维持一个均衡的状态。在投资者情绪的低落期，价格指数与投资者情绪呈现负相关的关系，也就是说，投资者在较为悲观的情绪时期，信念较难发生转变，随着悲观情绪的聚焦会导致股票价格进一步被低估，进而有发生暴跌的可能性。

三、稳健性检验

改进后加入情绪交互因子的 Fama-French 三因子模型是否具备应有的解释力，将结合原始的三因子模型来进行稳健性检验和对比检验，结果如表 6.3 所示。

表 6.3　　　　　　　加入情绪项后的三因子模型比较

		三因子模型	加入情绪项的因子模型
$Adj-R^2$	最大值	0.82114	0.9999
	最小值	0.68178	0.9901
	平均值	0.76031	0.9921
常数项		-0.00251	$-3.34E-11$
市场因子	系数	0.87643 ***	$-1.46E-09$ ***
规模因子	系数	0.83401 ***	$-3.06E-09$ ***
账面市值比因子	系数	0.15091 *	$-0.04E-09$ *
情绪因子	系数		$1.31E+09$ ***
解释力		82%	99%

注：* 代表在 10% 的显著性水平，** 代表在 5% 的显著性水平，*** 代表在 1% 的显著性水平。

加入情绪项的模型方差和标准差比不带情绪项的模型结果更小，带情绪因子的模型价格波动比不带情绪因子的模型波动更小，由此可以验证，控制情绪因素就能使偏离的资产价格回归正常，减弱波动。在不控制情绪项的情况下，资产价格波动剧烈，偏离正常值更多，所以可以肯定异质信念与投资者情绪并非可以忽略的因素，而是应该加以重点关注的影响资产定价的因素。从整体来看，投资者情绪在情绪上涨期和低落期更易发生聚集和放大，这样就导致股价的异常波动加剧，使股价严重偏离正常波动范围，在股市价格的传导机制下，情绪传染速度更快，更易引发市场恐慌和践踏。从模型上看，作为信息源的情绪项在受到外来信息冲击时，会有一部分发散到情绪项上，进而减少了价格的波动。通过研究发现，我国股市暴跌主要由于异质信念发生转变。在初期市场上意见分歧（异质信念）越大，未来股市越有暴跌的可能。基于行为心理学的角度，暴跌的社会影响要远远大于暴涨的社会影响。我国股市投资者结构不合理，造成了我国股市存在严重异质信念。个体投资者对股价预期具有异质性，并且是长期存在的。投资者异质信念会导致股市存在"炒作"的机会，从长远看不利于股市的健康发展。

在情绪波动更为剧烈的时期控制情绪干扰项后股价更接近理性，虽然股市走势趋于一致，说明异质信念在市场导向上起到了一定的基础作用。滤去极端的投资者情绪，也就控制住了完全的非理性行为，市场的波动处于正常的范围内。这表明不添加情绪项的模型仍然存在情绪的潜在影响，只不过是存在于扰动项中，将情绪项进行提取后能更清晰地刻画出情绪对于股票价格偏离的影响情况。

结合我国2015年的股市表现，股市的暴涨暴跌现象更值得关注。暴涨暴跌现象说明我国股市在短期内能够形成价格泡沫，造成下跌时期持续时间较长，说明我国股市还是具有投机的可能性，投资者对于股市投资抱有暴富的幻想，部分投资者是抱着赚快钱的信念进入股市，以致推高股市的非理性价格泡沫。由于我国的卖空限制，投资者的悲观情绪无法释放，市场价格不能反映真实信息。我国股市经常被投资者称为"政策市"，说明市场在接受利好消息时，投资者情绪高涨，异质信念差异小，行为决策一致,导致资产价格很快被推高,但是,悲观情绪不能被释放,价格就被高估,风险不能对冲,产生了价格泡沫。从行为金融学角度上讲这也是投资者过度自信的表现。此现象在2007年发生过,当时股民跑步入市,监管层也进行了宏观调控,收紧了货币流动性,但最后仍然发生了暴跌现象。这说明异质信念在投资者情绪急剧高涨下发生了转变,系统内的变化在累积,在到达临界点后造成了市场的结构性突变。

回顾2015年前后的股市剧烈波动过程,当时大量解禁非流通股,同时各大券商抢着做再融资业务,此时投资者的预期也是一致的,异质信念差异性较小,但是由于相关政策的实施,投资者情绪转变为低落,进而造成了异质信念的转变,在两者的交互作用下,资产定价产生偏离。按照异质信念的理论,Hong和Xiong (2006)[141]及Allen和Morris (2006)[142]研究认为,当资产供给增加时,信念异质程度也将增加。供给增加会导致投资者情绪发生波动,对非流通股解禁来说,与IPO的锁股期有相似之处。如果过度自信的乐观投资者认为内部投资者(限售股份的持有者)与自己一样的乐观,在限售期结束后会与自己具有相同的信念,这样他们就会在限售期结束前高估股票价值。但事实上内部投资者往往比外部投资者更理性,限售期结束时内部投资者的信念往往不足以支撑之前的预期,与Banerjee和Kaniel (2009)[143]、Boehme (2006)[144]、GAO[145]观点一致。股市出现比乐观投资者所预期更多的卖方市场,这样会致使股票价格下降。奇怪的是,即便投资者事先已知准确的解禁日期,股票价格仍然会出现下跌。因此可以看出,投资者的异质信念与投资者情绪是我国股票市场价格出现暴涨暴跌现象的重要原因。

四、结果分析与启示

两个实证结果均表明,第二章提出的假设:异质信念与投资者情绪的交互作用使影响资产定价的重要因素得到证明。

投资者情绪是资本市场的资产定价过程中不可忽略的重要因素（池丽旭，2009[146]；韩立岩，2007[147]；王美今等，2004[148]；黄霖华等，2014[149]；王朝晖和李心丹，2008[150]的研究均有提及），由于投资者的行为决策情绪容易受到投资者情绪交互作用进而影响到定价过程，使价格与价值产生严重偏差，再加上我国投资者结构不合理，中小投资者居多，且整体素质不高，容易受到非理性因素的影响，引发群体效应，加剧泡沫的生成和风险的传染，因此结合前面的实证结果，在异质信念与投资者情绪的交互作用下，对股市的资产定价产生影响，特别是极端的情绪下，在投资者情绪高涨或者低落的区间内，情绪的聚集会加快异质信念的转变，异质信念的转变将会加剧整个股市价格的波动程度，进而对投资者情绪又是一个双向助推的作用。鉴于我国2015年发生的"股灾"和近几年股市的低迷与投资者的异质信念发生转变以及投资者情绪低落有直接关系。市场上总有投资者情绪的存在，也有一些学者将其视为噪音，但是噪音的增加将会产生质的飞越，如股市中的"羊群"效应、"动量效应"等非理性现象都是众多投资者情绪聚集的效果。所以对于投资者情绪、异质信念的研究应得到重视，更多的研究表明，异质信念与投资者情绪都会导致股市的动荡和资产定价的偏离，情绪作为重要的影响因素不应该被忽略。

我国股市发展历程不长，市场的调节机制还有待完善，市场的交易机制也有很大的提升空间，需要不断完善以及改革来实现。

首先，有待进一步完善交易机制。我国目前卖空限制的门槛较高，融资融券业务开展得不够，总体的卖空的业务量占整个市场的交易量比例很小，不到1%，就导致投资者的悲观情绪无处释放，这样会造成投资者的悲观情绪不断积累，无法对冲，在推高或降低股票价格后，容易造成股票市场急涨急跌的现象。市场交易机制有待改善，应当尽量拓宽卖空渠道实现融资融券的全面化，应当适当培育证券市场的做空意识，推进各证券公司面向广大开展融资融券业务，并对于风险承受能力较小的投资者有针对性的卖空产品进行对冲，进而优化投资产品结构。

其次，市场波动性急剧变化受投资者情绪的波动影响，有必要对投资者情绪加以重视，目前随着互联网的发展，消息传播速度很快，信息多且乱，不实消息和各种所谓的小道消息也多，投资者面对众多的信息没有完全的甄别能力，容易被引导，所以监管部门应当加强对信息源的管理，对不实信息加以管控，从宏观环境上肃清各种纷乱的信息，对市场环境进行完善，营造一个理性的市场环境，政府还应加强对市场的管理和对投资者的专业教育。稳定的股市环境有助于社会和经济的稳定发展。对投资者情绪的全面理解也有助于监管部门有针对性地做出政策调整，在长期政策上有助于投资者的信念调整，在短期政策上有助于加强对投资者情绪的引导，对投资者进行分层管理，对于不同的投资者处于不同情绪阶段，采取有针对性的措施，以减少市场上的非系统性风险。

再次，应加强投资者自身的专业教育以及风险意识的培养，提高对风险的认知能力，应当理性地看待市场现象，避免跟风投资、追涨杀跌的行为，对于悲观情绪的释放采取一定的理性心理来看待。在投资过程中对投资者自身所表现出的投资心理弊端，锚定效应、处置效应及过度自信加以克服，在投资决策前理性地区分，不要被不理性的情绪所左右，加强对自身不良情绪的管理。

最后，应加强对交易信息的监管，对于信息的披露和信息的可追溯性加强管理。投资者特别是个体投资者处于信息不对称的负面影响下，特别是获取的信息具有一定的滞后性，这样容易引发投资者的跟风行为，做出情绪性的投资行为，造成股市"羊群"现象，故应加强对上市信息的披露管理，同时需要对进行披露信息的中介机构及其内部人员加强监管，对披露的信息承担相应的责任和追溯责任，对于不实信息加强惩罚力度。

本章小结

本章从整体上论证了投资者情绪与异质信念的关系，对异质信念与投资者情绪的交互影响做了具体的分析和研究，并将异质信念与投资者情绪构建的情绪因子加入实证模型中。将情绪交互因素的作用区间纳入资本资产定价模型（三因子模型和 HS 模型）进行了实证分析，结果表明情绪交互因素将投资者情绪分为三个区间：情绪高涨期、情绪平和期和情绪低落期，在三个区间内投资者情绪对于异质信念的转变也不同，进而对资产定价的影响也不同。情绪高涨期和情绪低落区间投资者更趋于制造价格泡沫和低估价格造成暴涨暴跌的现象，而在情绪平和期投资者更趋于做出理性的投资决策。

另外，基于效用递归函数的最大化框架本章进行讨论和分析，并构建面板向量自回归模型来分析情绪因素的变化对股票价格及波动性产生的影响，进行模型相关的稳健性检验。结果表明，投资者在短期的情绪波动与股票波动率互为影响原因，情绪变动也是股票收益率变动的原因，但是波动率并不能影响股票收益率，是因为我国的卖空限制和每日涨跌幅限制。同时也说明了我国股市存在的卖空限制和每日的涨跌幅限制有助于保护个体投资者，能够暂缓交易冲动。

第七章

结论与展望

第一节 基本结论

本书以系统论为理论基础,对股票市场构建开放性系统,通过各系统要素间的相互作用来揭示投资者主观动机下异质信念与投资者情绪交互作用的机理,以及交互作用下对资产定价的影响。传统的金融理论以"理性人"的假设和市场的强有效性为假设前提,导致金融市场上的一些金融异象无法得到合理的解释,说明传统理论研究存在一定的不足和局限性,促进了行为学的深入发展。在某种程度上行为学是与心理学、社会学、系统学等学科的交叉,通过新的专业视角揭示市场上存在的一些问题。在行为学相关研究中,是基于人的异质性假设和市场非完全有效的假定,进而使研究出现了新的进展,不断有新的研究被发现。

虽然我国的股市发展时间不长,但是发展速度很快,这就导致金融市场上会存在一些问题,引发一些争论。特别是近年来非理性事件频发,非理性情绪集中爆发,导致股市剧烈振荡,这对于我国股市的监管体制和市场制度提出了新的挑战。我国在发展金融市场的制度建设和政策制定上还有一定的提升空间,特别是我国投资者的专业水平和投资理论都有一定的提升空间。因此对异质信念和投资者情绪等不理性行为的研究将有助于深入了解投资者的非理性行为对金融市场的影响机制,有助于提高监管部门对投资者心理特征的新认知,同时对提高投资者的专业水平和完善证券市场的相关政策的制定都有一定的借鉴作用。本书的结论如下:

(1) 阐明了异质信念与投资者情绪各自生成机理和交互作用关系。

本书应用系统工程的方法构建了随机动力系统模型,推演了理性投资者、有限理性投资者和非理性投资者在市场上的行为演变和生灭过程,研究发现,长期的异质信念较为稳定,发生转变需要突变点(是系统内因与外因交互作用下引起的结构性突变),需要发生大事件或者是一些大事件的聚积;而短期异质信念则是受投资者情绪的驱动转变的系数更大一些,投资者情绪与金融市场的流动性存在显著的正相关。投资者情绪能够加快资产价格泡沫的生成,而异质信念的转变更能使投资者回归理性投资。

本书以系统论为基础,构建了股市开放性系统,通过内因与外因的交互作用揭示了其作用机理。将异质信念下的投资者情绪作为新的因素引入资产定价模型,并将均衡价格限定在递归效用函数的最大化且实现 Pareto 最优的框架下,采用递归效用函数将预期投资意愿进行贴现。主观贴现因子在模型中取 1,充分体现了情绪驱动下的投资者对预期收益进行贴现的意愿。研究发现,投资者面对确定的损失有风险厌恶的表现,面对不确定的风险时有风险寻求的意愿,投资者具有异质信念且投资行为受到投资者情绪的影响,体现在投资决策行为上的有限理性。

(2) 构建了随机动力系统模型,推演了理性投资者、有限理性投资者和非理性投资者在市场上的行为演变和生灭过程。

本书应用系统工程理论构建了三类投资者的随机动力系统仿真模拟,通过随机动力系统仿真模拟了在三类投资者(理性投资者、非理性投资者和有限理性投资者)的市场中对价格波动进行了演绎,以及三类投资者在市场中财富变化过程和在市场演进中所起到的作用。研究发现,在市场中三类投资者均具有推动作用,并且三类投资者可以并存,能够在演化过程中达到一种均衡状态。

资本市场的发展既做不到完全理性也不可能任由非理性情绪蔓延，投资者情绪与异质信念能够推动市场的发展，在一定程度上能够增强市场的流动性，促进资金的流动。投资者情绪和异质信念的转变会导致投资者的结构也发生变化，但是非理性投资者和有限理性投资者在市场上始终占有一定的比例。虽然异质信念的转变会使一部分投资者的理性程度发生偏离，但是并不会导致非理性投资者全部消失。同时由于异质信念的限制，投资者也不会因情绪的剧烈变动而导致理性投资者全部转变为非理性投资者。

理性投资者能够减缓股市的波动，非理性投资者能够加大市场的流动性，从市场功能方面来看，两者起到一个相辅相成的作用。正如之前模拟结果显示，如果投资者全部趋于理性，那么市场信息对于价格的作用是立刻凸显的，价格会产生不连续的现象，交易可能会停滞，市场会有流动性风险增大的可能性；如果投资者更多地趋向于情绪投资，那么市场也会出现情绪传染加快的问题，导致价格与价值背离程度较高，形成价格泡沫，容易产生系统性风险。因此，投资者的结构存在动态变化，投资者的结构会基于系统的内生性进行动态调整，市场交易仍能有序地稳定进行。因而从情绪的角度完善监管制度和交易制度，引导投资者理性投资，能够控制股市泡沫的形成和降低系统性风险。

（3）揭示了异质信念与投资者情绪交互作用机理。

本书构建了 VAR – BEKK – GARCH 模型、面板门槛模型和面板向量自回归模型，验证了两者间存在显著的双向溢出效应和双门槛效应，存在非线性关系且呈倒"U"形结构。依据门槛值可将两者交互作用划分为三个时期：情绪高涨期、情绪平和期及情绪低落期，交互作用是股市异常波动的重要影响因素。

本书对异质信念与投资者情绪分别进行了刻画和研究。异质信念定义为投资者长期所执的意见，投资者情绪是投资者短期所表现的情绪变动，研究两者间的关系也是以长期的异质信念和短期的投资者情绪来进行研究的。在度量异质信念时选用了分析师预测分歧为代理指标，是由于分析师预测分歧更能准确地刻画出异质信念，分析师一般均是由证券公司的优秀人员构成的团队，他们拥有更加专业的素养和知识经验，能专业地进行市场投资分析，有效避免信息不对称所带来的选择偏差，减少不可观测的随机误差，也避免了与投资者情绪指标的共线性与内生性，所以分析师预测分歧能更准确地体现投资者所持的长期异质信念。

本书在投资者情绪的测度上选取了一系列的指标进行构建，依据学术界众多学者的研究思路，以板块为分类进行了 A 股市场的研究，投资者情绪的代理指标选取板块指数收益率、板块的波动率、板块的异常换手率、投资者信心指数以及投资者新开户数等，并在剔除了宏观变量影响后以偏最小二乘的方法进行投资者情绪的提取。本书建立了 VAR – BEKK – GARCH 模型，通过一阶矩和两阶矩的结果发现了两者存在显著的溢出效应，且两者的波动溢出性也显著存在。本书建立了动态面板门槛模型对两者进行了更深入的研究，投资者情绪和异质信念存在显著的双门槛效应，两者具有非线性关系，且二次项显著为负，呈倒"U"形，依据门槛值分成的三个区间将投资者情绪划分为三个时期：情绪高涨期、情绪平和期及情绪低落期。通过分析本书发现在情绪高涨期内投资者极易做出投资决策，异质信念也较容易发生改变，这个时期交易行为易被情绪所驱动发生"羊群"行为或者出现同质需求，表现为板块轮动等，进而产生价格泡沫；在情绪平和期，投资者的异质信念不易发生转变，投资者所持的信念较为坚定，不易转变，此时的投资决策更为持久，或坚定持有或场外观望；在情绪低落期，投资者情绪较为悲观，由于我国卖空限制投资者更倾向于低估资产价格，此时投资者的悲观情绪发生传染，极易造成暴涨暴跌的现象，此时期投资者的异质信念较难发生转变，具有情绪惯性，监管部门应加强对投资者预期的良性引导。

本书构建了投资者情绪与异质信念交互作用下的因素与股票市场价格波动影响机制的非结构模型，旨在论证情绪交互因素对于整个股市价格波动和收益率的影响机制。结果表明，情绪因素对于股市有着重要的影响，短期内的股市波动和收益与投资者情绪显著相关，情绪交互因素也是一个在股市发展中不可忽略的要点。情绪交互因素与股票波动率、股票对数收益率之间互相影响，并且情绪因素的影响程度更显著，而由于我国日涨跌幅的限制和卖空的门槛限制股票波动率对股票收益率的影响不大。投资者情绪可以作为一个反向指标来揭示资产误定价，对于投资者情绪的生成路径以及对异质信念的转变影响路径有了更深一步的认识，同时也表明对情绪因素加以控制能够降低股市的非理性波动程度。

（4）改进了纳入情绪交互因素的资产定价模型和行为资产定价模型。

本书对异质信念与投资者情绪的交互作用机理进行了分析，依据其影响作用生成的情绪算子引入资产定价模型和行为资产定价模型中进行研究，对情绪算子的三个区间情绪高涨期、情绪平和期及情绪低落期分别进行了研究。在不同的区间内与异质信念的相互作用不同，对资产定价的影响结果也不同。在样本区间内，情绪平和期的影响程度最低，情绪高涨期和情绪低落期则影响程度较大，且情绪低落期的偏移程度显著大于情绪高涨期。这是因为投资者处于情绪低落期形成了悲观的预期，导致投资者在情绪的交互作用下加大了悲观的程度，以各种方式离场，此时投资者的悲观预期较难扭转，因而监管层应考虑对投资者信念进行扶植及良性引导。投资者具有有限理性的特征，在情绪的平和期投资者表现出的是理性情绪，在高涨区和低落期表现出来的是非理性情绪的部分，导致股市在某些时期产生剧烈的动荡。

第二节　研究展望

本书在理论部分仍然对效用最优化和均衡价格进行了框定，本质上来说仍然部分地支持传统金融理论的"理性人"假定。希望在下一步的研究中能够完全打破传统理论的假设，引入新的理论以拓展研究的深度，对系统论的理论认识深度有待进一步提高。另外，应加强对于资产定价影响因素的研究，再充分探究其更多理论角度的作用机理，进一步对资产定价模型进行研究改进以适应我国国情。在研究过程中的数据处理可能仍存在一些问题，如投资者情绪的提取仍然避免不了片面性，所以需要进一步地研究投资者情绪指标体系的构建，争取全面地捕捉投资者情绪，如尝试文本信息与交易信息以及大数据信息的联合分布来进行全面捕捉。投资者情绪可分为短期与长期作用机制，在投资者情绪数据的选择上可以选择更为高频的数据。目前互联网的作用巨大，各种舆情信息充斥着各个网站，应利用大数据的方法将投资者情绪成分加以提取并结合专门的交易数据来构造全面的投资者情绪指标体系，应再构建一个科学的度量体系，精准度量投资者情绪。在异质信念的度量上，分析师预测数据也存在一定的局限性，对股票的预测数据具有不连续性，在数据处理时会滤掉一些信息，所以应再构建一个精确的异质信念的度量体系，并分清长期与短期的影响，重视系统中参数的时变性，考虑多种因素的综合作用结果，实证结果要多做具体分析。对情绪因子影响资产定价的偏离程度应进行深入的研究，借助更多科学手段，更加精确地衡量异质信念与投资者情绪波动值，进一步明确两者的交互作用机制。

  随着经济社会的进步，情绪的生成和信念的转变会变得更加复杂，对于资产定价的影响机理也会变得更复杂，投资者面对纷杂的市场交易信息和不确定性的预期，对于情绪的生成也是有时变性的，情绪的产生与投资者的心理过程密不可分，对行为决策的影响路径也不一定相同，应当加强对投资者类型的分类研究和投资者情绪的分类研究，情绪因子对资产定价的影响这个研究仍需要进一步打开"黑盒子"。在第五章对于投资者情绪与异质信念的交互作用的实证分析中，缺乏理论的进一步拓展，应在以后的研究中加强对理论的深入研究。本书从系统论的视角进行开放性系统的多层次构建与仿真模拟，深度挖掘系统要素内部作用机理。

  对于投资者的理性情绪与非理性情绪进一步进行区分和研究，对其影响资产定价的机理也进行有区分的研究和分析，此类分析有待进一步加强和拓展。另外，应在研究样本区间的长度上进一步扩展，比较不同时期的影响差异及原因以发现更深层次的作用机理。

在进一步的研究中存在不少的实际困难，本人将会以一颗进取的心，对理论和实证均加以拓展，对数据进行全面的收集，拓宽研究范围，加强对本研究方向有针对性的研究，更加精练理论模型，应用更合理的数据源进行实证的研究，找到更全面的投资者情绪指标和异质信念指标，充分进行下一步的细致化研究。

参考文献

[1] 金永红, 罗丹. 异质信念、投资者情绪与资产定价研究综述 [J]. 外国经济与管理, 2017, 39 (5): 100-114.

[2] Michael J. Stutzer. Chaotic. Dynamics and Bifurcation in a Macro Model [J]. Journal of Economic Dynamics and Control, 1980 (2): 353-376.

[3] 徐绪松, 郑小京. 定性定量结合的分析框架 [J]. 技术经济, 2010, 29 (4): 1-5, 55.

[4] 郑湛, 陶小龙, 赵伟, 马海超, 徐绪松. 复杂科学管理基本原理解析 [J]. 信息与管理研究, 2020, 5 (1): 1-14.

[5] 张维, 武自强, 张永杰, 熊熊, 冯绪. 基于复杂金融系统视角的计算实验金融: 进展与展望 [J]. 管理科学学报, 2013, 16 (6): 85-94.

[6] 徐绪松. 复杂科学管理: 新时代呼唤新的管理理论 [J]. 清华管理评论, 2017 (11): 20-26.

[7] Bornholdt S, Kaizoji T, Fujiwara Y. Dynamics of price and trading volume in a spin model of stock markets with heteroge-neous agents [J]. Physica A: Statistical Mechanics and its Applications, 2001, 316 (1-4): 441-452.

[8] 吴冲锋, 宋军. 金融复杂性 [J]. 系统工程, 2002 (4): 1-6.

[9] 伍海华, 张宗强. 金融复杂性与行为金融理论 [J]. 经济理论与经济管理, 2004 (9): 20-26.

[10] 邹琳, 马超群, 李红权. 中国股市仿真系统建模及其非线性特征研究 [J]. 系统管理学报, 2008 (4): 385-389.

[11] Schweitzer F, Fagiolo G, Sornette D, et al. Economic networks: The

new challenges [J]. Science, 2009, 325 (5939): 422-425.

[12] Farmer J D, Foley D. Theeconomy needs agent-based modelling [J]. Nature, 2009, 460 (7256): 685-686.

[13] 夏丹. 复杂性分析在金融领域的应用 [J]. 经济研究导刊, 2014 (18): 100-101.

[14] 张维, 何枫, 熊熊, 马俊俊, 冯绪, 张永杰. 中国金融系统工程: 研究现状及未来发展 [J]. 系统工程理论与实践, 2017, 37 (1): 1-16.

[15] 邹力行. 系统科学方法与系统性风险研究 [J]. 东北财经大学学报, 2019 (2): 67-74.

[16] 张维, 赵颖秀, 周终强, 熊熊. 金融系统工程研究进展与展望 [J]. 系统科学与数学, 2019, 39 (10): 1521-1532.

[17] 刘小瑜, 余海华. 中国股市复杂性测度及其变化特征分析 [J]. 统计与决策, 2020, 36 (5): 129-132.

[18] 高宏. 股票市场系统特性分析及应用 [J]. 时代金融, 2020 (10): 60-62.

[19] Friedman M. The case for flexible exchange rates [M]. Chicago: University of Chicago Press, 1953.

[20] Tversky A, Kahneman D. Judgment under uncertainty: Heuristics and biases [J]. Science, 1974, 185 (1): 1124-1131.

[21] Kahneman D, Tversky A. Prospect theory: An analysis of decision under risk [J]. Econometrica, 1979, 47 (2): 263-292.

[22] De Bondt W F M, Thaler R. Does the stock market overreact [J]. The Journal of Finance, 1985, 40 (3): 793-805.

[23] 罗伯特·席勒. 非理性繁荣 [M]. 北京: 中国人民大学出版社, 2016.

[24] DeLong, J. B, ShDe Long, J. B., Shleifer, A., Summers, L. H. and Waldmann, R. J. Noise Trader Risk in Financial Markets [J]. Journal of Political Economy, 1990 (98): 703-738.

[25] Peters, E. E. Fractal Market Analysis: Applying Chaos Theory to Invest-

ment and Economics. John Wiley & Sons, New York, 1996.

[26] 张永杰, 张维, 熊熊. 投资策略与投资收益: 基于计算实验金融的研究 [J]. 管理科学学报, 2010, 13 (9): 107-118.

[27] Bruno Biais, Raphael Shadur. Darwinian selection does not eliminate irrational traders [J]. European Economic Review, 2000, 44 (3).

[28] EF Fama, KR French. The capital asset pricing model: Theory and evidence [J]. Journal of economic perspectives, 2004, 18 (3): 25-46.

[29] Werner F. M. De Bondt Richard Thaler. Does the Stock Market Overreact? [J]. The Journal of Finance, 1985, 40 (3): 793-805.

[30] JY. Campbell. Two Puzzles of Asset Pricing and Their Implications for Investors [J]. The American Economist, 2003, 3 (1): 48-74.

[31] Breeden, D., an Intertemporal Asset Pricing Model with Stochastic Consumption and Investment Opportunity [J]. Journal of Financial Economics, 1979 (7): 265-296.

[32] Volatility, Sentiment, and Noise Traders. Brown G W. Financial Analysts Journal, 1999.

[33] 赵鹏举, 张维. 基于动力系统的证券市场演化动态研究 [J]. 中国管理科学, 2019, 27 (5): 50-56.

[34] 扈文秀, 刘刚, 章伟晨, 付强. 基于因素嵌入的非理性资产价格泡沫生成及膨胀演化研究 [J]. 中国管理科学, 2015, 24 (5): 31-36.

[35] Koopmans, T. C., Stationary Ordinal Utility and Impatience [J]. Econometrica, 1960, 28: 287-309.

[36] Samuelson, Paul. A Note on Measurement of Utility [J]. Review of Economic Studuies. 1937, 4: 155-161.

[37] Frederick, Shane, Loewenstein, George, O'Donoghue, Ted. Time Discounting and Time Preference: A Critical Review [J]. Journal of Economic Literature, 2002, 40 (2): 351-401.

[38] JM Keynes. Agricultural reorganisation and price control world agriculture

[J]. Economic Journal, 1934, 9 (175): 434-453.

[39] Leon Festinger. An Introduction to the Theory of Dissonance [M]. Stanford University press, 1962.

[40] Miller E M. Risk, uncertainty, and divergence of opinion [J]. The Journal of Finance, 1977, 32 (4): 1151-1168.

[41] David A. Heterogeneous beliefs, speculation, and the equity premium [J]. The Journal of Finance, 2008, 63 (1): 41-83.

[42] Chen N F, Kan R, Miller M H. Are the discounts on closed-end funds a sentiment index [J]. The Journal of Finance, 1993, 48 (2): 795-800.

[43] Diether K, Malloy C J, Scherbina A. Differences of opinion and the cross section of stock returns [J]. The Journal of Finance, 2002, 57 (5): 2113-2141.

[44] 刘志阳, 陈燕. 投资者实际决策过程的一个分析框架——以股民预期行为的形成为例 [J]. 南京社会科学, 2002 (11): 31-36.

[45] Hong H, Stein J C. Differences of opinion, short-sales constraints, and market crashes [J]. Review of Financial Studies, 2003, 16 (2): 487-525.

[46] 周奇, 尤左伟, 刘善存, 韩景倜. 异质信念下内幕交易者市场操纵行为研究 [J/OL]. 中国管理科学: 1-13 [2020-05-08]. https://doi.org/10.16381/j.cnki.issn1003-207x.2018.1832.

[47] Shleifer, A. and Vishny, R. W. A Survey of Corporate Governance. The Journal of Finance, 1997, 52: 737-783.

[48] Fischer Black. Noise [J]. The Journal of Finance, 1986, 41 (2): 295-538.

[49] Barberis N Thaler R. A survey of behavioral finance [J]. Handbook of the Economics of Finance, 2003, 1: 1053-1128.

[50] Baker M, Wurgler J. Investor sentiment and the cross-section of stock returns [J]. The Journal of Finance, 2006, 61 (4): 1645-1680.

[51] Brown, Gregory W, and Michael T Cliff, 2005, "Investor Sentiment and Asset Valuation", Journal of Business, 2005, 78 (2): 405-40.

[52] Baker Malcolm, Jeremy C Stein Market liquidity as a sentiment indicator [J]. Journal of Financial Markets, 2004 (7): 271-299.

[53] 罗衍, 王春峰, 房振明. 投资者情绪影响下资本资产定价的区制性研究——基于股票论坛发帖的情感分析 [J]. 运筹与管理, 2017, 26 (10): 129-136.

[54] David Aboody, Omri Even-Tov, Reuven Lehavy, Brett Trueman. Overnight Returns and Firm-Specific Investor Sentiment [J]. Journal of Financial and Quantitative Analysis, 2018, 53 (2).

[55] 陈健, 曾世强. 融资融券交易促进了市场投机还是套利?——基于投资者情绪定价视角 [J]. 南方金融, 2019 (11): 23-32.

[56] 朱红兵, 张兵, 陈慰. 投资者情绪、卖空限制与规模溢价效应研究 [J]. 证券市场导报, 2019 (12): 60-70.

[57] 徐枫, 胡鞍钢. 异质信念、投资者情绪与企业增发偏好 [J]. 经济科学, 2012 (5): 81-91.

[58] Bayar O, Chemmanur T J, Liu M H. A Theory of capital structure, price impact, and long-run stock returns under heterogeneous beliefs [J]. Review of Corporate Finance Studies, 2015, 4 (2): 258-320.

[59] 张丽丽, 刘琼, 杨宽. 卖空限制下投资者异质信息对资产定价的影响 [J]. 系统工程, 2017, 35 (6): 1-9.

[60] 李茹霞, 扈文秀. 异质信念视角下的金融市场价格波动研究 [J]. 区域金融研究, 2019 (4): 5-10.

[61] 张宗新, 王海亮. 投资者情绪、主观信念调整与市场波动 [J]. 金融研究, 2013 (4): 142-155.

[62] 俞红海, 李心丹, 耿子扬. 投资者情绪、意见分歧与中国股市IPO之谜 [J]. 管理科学学报, 2015, 18 (3): 78-89.

[63] 付萱, 陆加徐. A股市场投资者情绪、异质信念与市场超额收益研究 [J]. 财会通讯, 2015 (24): 94-98, 123.

[64] 曾燕, 康俊卿, 陈树敏. 基于异质性投资者的动态情绪资产定价

[J]. 管理科学学报, 2016, 19 (6): 87-97.

[65] 刘燕, 朱宏泉. 个体与机构投资者, 谁左右 A 股股价变化?——基于投资者异质信念的视角 [J]. 中国管理科学, 2018, 26 (4): 120-130.

[66] 刘培佩. 投资者关注异质性与股票绩效的关系研究 [D]. 华中科技大学, 2018.

[67] Li J. Investor sentiment, heterogeneous agents and asset pricing model [J]. The North American Journal of Economics and Finance, 2017, 42: 504-512.

[68] Li C, Tan S R, Ho N, et al. Investor Sentiment, Behavioral Heterogeneity and Stock Market Dynamics [J]. Behavioral Heterogeneity and Stock Market Dynamics (May 30, 2019), 2019.

[69] Markowitz, H. Portfolio Selection [J]. The Journal of Finance, 1952, 7, 77-91.

[70] Stephen A Ross. The Arbitrage Theory of Capital Asset Pricing [J]. Journal of Economy Theory, 1976, 13 (3): 341-360.

[71] Fama E F, French K R. Common risk factors in the returns on stocks and bonds [J]. Journal of financial economics, 1993, 33 (1): 3-56.

[72] Robert E. Lucas, Jr. Asset prices in an exchange economy [J]. Journal of the Econometric Society, 1978, 46 (6): 1429-1445.

[73] Hersh Shefrin. A Behavioral Approach to Asset Pricing [M]. 2008.

[74] Barberis N, Shleifer A, Vishny R. A model of investor sentiment [J]. Journal of Financial Economics, 1998, 49 (3): 307-343.

[75] Harris M, Raviv A. Difference of opinion make a horse race [J]. Review of Financial studies, 1993, 6 (3): 473-506.

[76] Daniel K, Hirshleifer D, Subrahmanyam A. Investor psychology and security market under and overreactions [J]. The Journal of Finance, 1998, 53 (6): 1839-1885.

[77] He X, Li K. Time series momentum and market stability [J]. Available at SSRN 2400847, 2014.

[78] Garfinkel J A. Measuring investors' opinion divergence [J]. Journal of Accounting Research, 2009, 47 (5): 1317 - 1348.

[79] Gal, Y, C. Mao&R. Zhong. Divergence of opinion and long - term performance of initial public offerings, Journal of Financial Research, 2006, 1: 113 - 129.

[80] Handa, Puneet, Schwartz R A and Tiwari. Quote Setting and Price Formation in an Order Driven Market [J]. Journal of Financial Markets, 2003, 6 (4): 461 - 489.

[81] 曾长兴. 同质信念、异质信念与市场中性策略实证研究 [J]. 南方金融, 2012 (4): 64 - 67, 33.

[82] 朱宏泉, 余江, 陈林. 异质信念、卖空限制与股票收益——基于中国证券市场的分析 [J]. 管理科学学报, 2016, 19 (7): 115 - 126.

[83] AjinKya, B. B., R. K. Atiase, and M. J. Gift. Volume of Trading and the Dispersion in Financial Analysis's Earnings Forecasts. [J]. Accounting Review, 1991, 66 (2): 389 - 401.

[84] Verardo M. Heterogeneous beliefs and momentum profits [J]. Journal of Financial and Quantitative Analysis, 2009, 44 (4): 795 - 822.

[85] Carlin B I, Longstaff F A, Matoba K. Disagreement and asset prices [J]. Journal of Financial Economics, 2014, 114 (2): 226 - 238.

[86] 许年行, 江轩宇, 伊志宏, 徐信忠. 分析师利益冲突、乐观偏差与股价崩盘风险 [J]. 经济研究, 2012, 47 (7): 127 - 140.

[87] Lee, C. M. C, A. Shleifer, and R. H. Thaler, Anomalies: Closed-end mutual funds [J]. Journal of Economic Perspective 1990, 4, 153 - 164.

[88] Stein Jeremy C. Rational capital budgeting in an irrational world [J]. Journal of Business, 1996.

[89] M Baker, J Wurgler, Y Yuan. Global, local, and contagious investor sentiment [J]. Journal of financial economics, 2012, 104 (2): 272 - 287.

[90] 贺刚, 朱淑珍, 顾海峰. 投资者情绪对股票市场影响研究述评 [J]. 云梦学刊, 2017, 38 (5): 46 - 52.

[91] 易志高,茅宁. 中国股市投资者情绪测量研究:CICSI 的构建 [J]. 金融研究,2009(11):174-184.

[92] 王镇,郝刚. 投资者情绪指数的构建研究——基于偏最小二乘法 [J]. 金融理论与实践,2014(7):1-6.

[93] Huang, D. et al (2015), "Investor sentiment aligned: A powerful predictor of stock returns", Review of Financial Studies, 28 (3): 791-837.

[94] Jiang, F. et al, Manager sentiment and stock returns [D]. Asian Finance Association 2016 Conference, working paper.

[95] Pablo D. Azar and Andrew W. Lo, The Wisdom of Twitter Crowds: Predicting Stock Market Reactions to FOMC Meetings via Twitter Feeds [J]. The Journal of Portfolio Management, 2016, 42 (5) 123-134.

[96] 杨晓兰,高媚,朱淋. 社会互动对股票市场的影响——基于新浪财经博客的实证分析 [J]. 证券市场导报,2016(7):50-58.

[97] 伍海华,李道叶,翟锋. 资本市场的复杂性 [M]. 北京:当代中国出版社,2003:17-18.

[98] Hong, Harrison, and Jeremy C. Stein. 2007. Disagreement and the Stock Market [J]. Journal of Economic Perspectives, 2007, 21 (2): 109-128.

[99] 黎超,胡宗义,施淑蓉. 基于股市投资者情绪的非理性投机泡沫模型研究 [J]. 财经理论与实践,2018,39(5):51-57.

[100] Yang C, Li J. Investor Sentiment, Information and Asset Pricing Model [J]. Economic Modelling, 2013, 35 (9): 436-442.

[101] 郑瑶,董大勇,朱宏泉. 异质性情绪影响股市羊群效应吗?——来自互联网股票社区的证据 [J]. 系统工程,2016,34(9):9-14.

[102] Stambaugh, Robert F. and Yu, Jianfeng and Yuan, Yu, The Long of it: Odds that Investor Sentiment Spuriously Predicts Anomaly Returns (July 2012). NBER Working Paper No. w18231.

[103] Harrison M, Kreps D. Speculative investor behavior in a stock market with heterogeneous expectations [J]. Quaterly Journal of Economics, 1978, 92

(2): 323-336.

[104] Scheinkman J, Xiong W. Overconflidence and speculative bubbles [J]. Journal of Political Economy, 2003, 111 (6): 1183-1220.

[105] Nagel S, Short sales, institutional investors and the cross-section of stock returns [J]. Journal of Financial Economics, 2005, 78 (2): 277-309.

[106] 易志高, 茅宁. 中国股市投资者情绪测量研究: CICSI 的构建 [J]. 金融研究, 2009 (11): 174-184.

[107] 王镇, 郝刚. 投资者情绪指数的构建研究——基于偏最小二乘法 [J]. 金融理论与实践, 2014 (7): 1-6.

[108] Huang, D. et al (2015), "Investor sentiment aligned: A powerful predictor of stock returns", Review of Financial Studies, 28 (3): 791-837.

[109] 贺志芳, 文凤华, 黄创霞, 杨晓光, 郑石明. 投资者情绪与时变风险补偿系数 [J]. 管理科学学报, 2017, 20 (12): 29-38.

[110] 姚尧之, 王坚强, 刘志峰. 混频投资者情绪与股票价格行为 [J]. 管理科学学报, 2018, 21 (2): 104-113.

[111] Jiang, F. et al., Manager sentiment and stock returns [D]. Asian Finance Association 2016 Conference, working paper.

[112] Pablo D. Azar and Andrew W. Lo, The Wisdom of Twitter Crowds: Predicting Stock Market Reactions to FOMC Meetings via Twitter Feeds [J]. The Journal of Portfolio Management, 2016, 42 (5) 123-134.

[113] 杨晓兰, 高媚, 朱淋. 社会互动对股票市场的影响——基于新浪财经博客的实证分析 [J]. 证券市场导报, 2016 (7): 50-58.

[114] PM Bentler, W Huang. On components, latent variables, PLS and simple methods: Reactions to Rigdon's rethinking of PLS [J]. Long Range Planning, 2014, 47 (3): 138-145.

[115] 李富军, 姜富伟, 杨桦. 投资者理性特征对动量效应的影响——基于中国 A 股市场的证据 [J]. 宏观经济研究, 2019 (11): 112-122.

[116] JON A. GARFINKEL, SOKOBIN. Volume, Opinion Divergence, and

Returns: A Study of Post – Earnings Announcement Drift [J]. Journal of Accounting Research, 2006, 44 (1).

[117] 邓路, 王化成. 投资者异质信念与定向增发股价长期市场表现 [J]. 会计研究, 2014 (11): 38 – 45, 96.

[118] 沈冰, 周飞. 异质信念对股价波动的非对称性影响研究 [J]. 当代金融研究, 2019 (2): 6 – 18.

[119] Myung Hwan Seo, Yongcheol Shin. Dynamic panels with threshold effect and endogeneity [J]. Journal of Econometrics, 2016, 195: 169 – 186.

[120] Javier Hidalgo, Jungyoon Lee. Robust Inference for Threshold Regression Models [J]. Journal of Econometrics, 2019, 210 (2): 291 – 309.

[121] Fama E F, French K R. Disappearing dividends: Changing firm characteristics or lower propensity to pay [J]. Journal of Financial Economics, 2001, 60 (1): 3 – 43.

[122] 赵胜民, 闫红蕾, 张凯. Fama – French 五因子模型比三因子模型更胜一筹吗——来自中国 A 股市场的经验证据 [J]. 南开经济研究, 2016 (2): 41 – 59.

[123] SAYIM, MUSTAFA, RAHMAN, et al. The relationship between individual investor sentiment, stock return and volatility: Evidence From the Turkish Market [J]. International Journal of Emerging Markets, 2015, 10 (3): 504 – 520.

[124] PEREZ – LISTON, HUERTA, HAQ. Does investor sentiment impact the returns and volatility of Islamic equities? [J]. Journal of Economics and Finance, 2016 (3): 421 – 437.

[125] 邓学斌, 高鲜. 我国 A 股市场投资者情绪是定价因子吗？[J]. 经济数学, 2019, 36 (3): 1 – 8.

[126] Jianan Liu, Robert F. Stambaugh, Yu Yuan. Size and value in China [J]. Journal of Financial Economics, 2019, 134 (1).

[127] 赵鹏举. 异质交易者并存证券市场演化动态研究 [J]. 经济经纬, 2016, 33 (2): 156 – 160.

[128] Allen F., Morris S., Shin H S. Beauty contests and iterated expectation in asset markets [J]. Review of financial Studies, 2006, 19 (3): 719-752.

[129] Banerjee S, Kaniel R, Kremer I. Price drift as an outcome of differences in higher-order beliefs [J]. Review of Financial Studies, 2009, 22 (9): 3707-3734.

[130] R. Boehme, B. Danielsen and S. Sorescu. Short-sale constraints, differences of opinion, and over valuation [J]. Journal of Financial and Quantitative Analysis, 2006, 41 (2): 455-487.

[131] Y. Gao, C. X. Mao & R. Zhong. Divergence of opinion and long-term performance of initial public offerings [J]. Journal of Financial Research, 2006, 1: 113-129.

[132] Kremer S, Bick A, Nautz D. Inflation and Growth: New Evidence from a Dynamic Panel Threshold Analysis [J]. Empirical Economics, 2012, 44 (2): 861-878.

[133] Jo Thori Lind, Halvor Mehlum. With or Without U? The Appropriate Test for a U-Shaped Relationship [J]. Oxford Bulletin of Economics and Statistics, 2010, 72 (1): 109-118.

[134] Christopher A. Sims. Macroeconomics and Reality [J]. Econometrica, Vol. 48, No. 1. (Jan., 1980), pp. 1-48.

[135] M Arellano, O Bover. Another look at the instrumental variable estimation of error-components models [J]. Journal of econometrics, 1995, 28 (1): 29-51.

[136] 张静, 王生年. 盈余平滑、投资者异质信念与资产误定价——基于我国沪深两市2000—2012年数据的分析 [J]. 商业研究, 2017 (9): 53-59, 187.

[137] 史永东, 程航. 投资者情绪和资产定价异象 [J]. 系统工程理论与实践, 2019, 39 (8): 1907-1916.

[138] 沈艺峰. Fama-French资本资产定价五因子模型: 演变与未来研究

方向 [J]. 财务研究, 2015 (6): 17-30.

[139] 胡雁艳. 中国证券市场价格反转现象研究 [D]. 南京: 南京理工大学, 2004.

[140] Ho C, Hung CH. Investor sentiment as conditioning information in asset pricing [J]. Journal of Banking&Finance, 2009, 33 (5): 892-903.

[141] H Hong, J Scheinkman, W Xiong. Asset float and speculative bubbles [J]. The journal of finance, 2006, 61 (3): 1073-1117.

[142] Allen F, Morris S, Shin H S. Beauty contests and iterated expectation in asset markets [J]. Review of financial Studies, 2006, 19 (3): 719-752.

[143] Banerjee S, Kaniel R, Kremer I. Price drift as an outcome of differences in higher-order beliefs [J]. Review of Financial Studies, 2009, 22 (9): 3707-3734.

[144] Boehme R. D. Short-sale constraints, differences of opinion, and overvaluation [J]. Journal of Financial and Quantitative A-nalysis, 2006, 41 (2): 455-487.

[145] Gao, Y., C. Mao, & R. Zhong. Divergence of opinion and long-term performance of initial public offerings [J]. Journal of Financial Research, 2006, 1: 113-129.

[146] 池丽旭, 庄新田. 投资者情绪与股票收益波动溢出效应 [J]. 系统管理学报, 2009 (8): 367-372.

[147] 韩立岩, 伍燕然. 投资者情绪与 IPOs 之谜——抑价或者溢价 [J]. 管理世界, 2007 (3): 51-56.

[148] 王美今, 孙建军. 中国股市收益、收益波动与投资者情绪 [J]. 经济研究, 2004 (10): 75-83.

[149] 黄霖华, 曲晓辉. 证券分析师评级、投资者情绪与公允价值确认的价值相关性——来自中国 A 股上市公司可供出售金融资产的经验证据 [J]. 会计研究, 2014 (7): 18-26.

[150] 王朝晖, 李心丹. 我国投资者情绪波动性与股市收益 [J]. 宁波

大学学报（人文科学版），2008（11）：89 - 93，98.

［151］M Arellano，O Bover. Another look at the instrumental variable estimation of error - components models［J］. Journal of econometrics，1995，28（1）：29 - 51.

［152］王朝晖，李心丹. 从众行为与"波动性之谜"［J］. 宏观经济研究，2015（4）：80 - 89.

［153］伍燕然，韩立岩. 不完全理性、投资者情绪与封闭式基金之谜［J］. 经济研究，2007（3）：117 - 129.

［154］孟卫东，江成山，陆静. 基于内生后验异质信念的资产定价研究［J］. 管理工程学报，2010，24（3）：66 - 74.

［155］江成山. 基于异质信念的资产定价理论和实证研究［D］. 重庆：重庆大学，2009.

［156］杨墨竹. ETF资金流、市场收益与投资者情绪——来自A股市场的经验证据［J］. 金融研究，2013（4）：156 - 169.

［157］包锋，徐建国. 异质信念的变动与股票收益［J］. 经济学（季刊），2015（7）：1591 - 1609.

［158］徐艳，谢赤. 投资者信念异质与证券价格互动关系研究［J］. 管理学报，2009（10）：1311 - 1367.

［159］余佩琨，钟瑞军. 个人投资者情绪能预测市场收益率吗［J］. 南开管理评论，2009（1）：96 - 101.

［160］王博实. 投资者情绪对资产定价的影响研究［D］. 北京：北京邮电大学，2017.

［161］胡昌生，池阳春. 异质信念与资产价格异常波动性［J］. 金融评论，2013（3）：55 - 71，124 - 125.

［162］杨宝臣，张涵. 技术分析、主体异质性与资产定价［J］. 管理科学学报，2017（6）：101 - 110.

［163］扈文秀，席酉民. 从众行为与投机性泡沫的关系研究［J］. 系统工程理论与实践，2001（7）：43 - 47，63.

[164] 刘志东, 姜玲. 基于贝叶斯参数估计的期货市场交易成本、流动性与资产定价研究 [J]. 管理科学, 2017 (1): 146-159.

[165] 宋亚, 文意扬, 赵经涛. 流动性波动对价格水平的影响——基于金融资产结构的视角 [J]. 兰州大学学报: 社会科学版, 2017 (1): 152-160.

[166] 骆祚炎. 资产价格波动、经济周期与货币政策调控进展 [J]. 经济学动态, 2011 (3): 121-126.

[167] 邓路, 廖明情. 上市公司定向增发方式选择: 基于投资者异质信念视角 [J]. 会计研究, 2013 (7): 56-62.

[168] 方匡南, 何纯, 王郁. 基于Sai-GA-SVR的我国IPO制度与新股市场特征研究 [J]. 管理科学学报, 2015 (4): 98-110.

[169] 雷光勇, 王文, 金鑫. 盈余质量、投资者信心与投资增长 [J]. 中国软科学, 2011 (9): 144-155.

[170] 权小锋, 肖斌卿, 吴世农. 投资者关系管理能够稳定市场吗?——基于A股上市公司投资者关系管理的综合调查 [J]. 管理世界, 2016 (1): 139-152.

[171] 唐雪松, 林雁. 股市传闻、会计信息透明度与散户认知负向偏差——一项实验研究 [J]. 财经研究, 2014 (5): 31-41.

[172] 田利辉, 张伟, 王冠英. 新股发行: 渐进式市场化改革是否可行 [J]. 南开管理评论, 2013 (2): 116-132.

[173] 辛清泉, 孔东民, 郝颖. 公司透明度与股价波动性 [J]. 金融研究, 2014 (10): 193-206.

[174] 陈国进, 张贻军. 异质信念、卖空限制与我国股市的暴跌现象研究 [J]. 金融研究, 2009 (4): 80-91.

[175] 古志辉, 郝项超, 张永杰. 卖空约束、投资者行为和A股市场的定价泡沫 [J]. 金融研究, 2011 (2): 129-148.

[176] 史永东, 李凤羽. 卖空限制、意见分歧收敛与信息披露的股价效应——来自A股市场的经验证据 [J]. 金融研究, 2012 (8): 111-124.

[177] 方立兵, 刘海飞. 融资融券失衡与标的股票的定价误差 [J]. 证

券市场导报, 2016 (9): 39-50.

[178] 文凤华, 肖金利, 黄创霞, 等. 投资者情绪特征对股票价格行为的影响研究 [J]. 管理科学学报, 2014 (3): 60-69.

[179] Shiller R J. Stock prices and social dynamics [J]. The Brookings Papers on Economic Actiuity, 1984 (1): 457-510.

[180] Jarrow R. Heterogeneous expectations, restrictions on shortsales, and equilibrium asset prices [J]. Journal of Finance, 1980, 35 (5): 1105-1113.

[181] Merton R C.. A Simple Model of Capital Market Equilibrium with Incomplete Information [J]. Journal of Finance, 1987, 42 (3): 483-510.

[182] Brock W, Hommes C. Heterogeneous beliefe and routes to chaos in a simple asset pricing model [J]. Journal of Economic Dynamics and Control, 1998, 22: 1235-1274.

[183] Park B-J. On the quantile regression based tests for asymmetries in stock return volatility [J]. Asian Economic Journal, 2002, 16: 175-191.

[184] Chiarella C, He X. Heterogeneous beliefe, risk and learning in a simple asset pricing model with a market maker [J]. Macroeconomic Dynamics, 2003, 7: 503-536.

[185] Christophe SE, Ferri M G, Angel J J. Short-selling prior to earnings announcements [J]. Journal of Finance, 2004, 59 (4): 1845-1876.

[186] Basak S. Asset Pricing with Heterogeneous Beliefs [J]. Journal of Banking & Finance, 2005, 29 (11): 2849-2881.

[187] Roubini N. Why central banks should burst bubble [J]. International Finance, 2006 (1): 87-107.

[188] Park B-J. Trading volume, volatility, and GARCH effects in the Korean won-U.S. dollar exchange market: some evidence from conditional quantile estimation [J]. Japanese Economic Review, 2007, 58: 382-399.

[189] He X, Li Y. Power law behaviour, heterogeneity, and trend chasing [J]. Journal of Economic Dynamics and Control, 2007, 31: 3396-3426.

[190] Karpoff J M, Lou X. Do Short Sellers Detect Overpriced Firms? Evidence from SEC Enforcement Actions [R]. Washington DC: Working Paper, University of Washington, 2008.

[191] Ho, C., and Hung, C. Investor Sentimenr as conditioning information in asset pricing [J]. Journal of Banking and Finance, 2009, 33: 892 - 903.

[192] Brandt M, Wang K. Time-varying risk aversion and unexpected inflation [J]. J Monet Econ, 2003, 50: 1457 - 1498.

[193] Hirshleifer D, Teoh SH, Yu J J. Short arbitrage, return asymmetry, and the accrual anomaly [J]. Review of Financial Studies, 2011, 24 (7): 2429 - 2461.

[194] Lebaron M, Hommes H. Rational exuberance [J]. Journal of Economic Literature, 2011, 42 (3): 783 - 804.

[195] Khan M, Lu H. Do short sellers front-run insider sales? [J]. The Accounting Review, 2013, 88 (5): 1743 - 1768.

[196] Opie W, Zhang H F. Investor heterogeneity and the cross-sectional stock returns in China [J]. Pacific - Basin Finance Journal, 2013, 25: 1 - 20.

[197] Kasa K, Walker T B, Whiteman C H. Heterogeneous beliefs and tests of present value models [J]. Review of Economic Studies, 2014, 81 (3): 1137 - 1163.

[198] Mclean R D, Zhao M X. The business cycle, investor sentiment, and costly external finance [J]. Journal of Finance, 2014, 69 (3): 1377 - 1409.

[199] Ottaviani M, Sørensen P N. Price reaction to information with heterogeneous beliefs and wealth effects: Underreaction, momentum, and reversal [J]. American Economic Review, 2015, 105 (1): 1 - 34.

[200] Jiang H, Sun Z. Dispersion in beliefs among active mutual funds and the cross-section of stock returns [J]. Journal of Financial Economics, 2014, 114 (2): 341 - 365.

[201] Daniel K, Hirshleifer D. Overconfident investors, predictable returns, and excessive trading [J]. The Journal of Economic Perspectives, 2015, 29 (4): 61 - 87.

[202] Chan L H, Chen K C W, Chen T Y, et al. Substitution between real and accruals-based earnings management after voluntary adoption of compensation Clawback provisions [J]. The Accounting Review, 2015, 90 (1): 147-174.

[203] Firth M, Wang K P, Wong S M. Corporate transparency and the impact of investor sentiment on stock prices [J]. Management Science, 2015, 61 (7): 1630-1647.

[204] Park B-J. Time-varying, heterogeneous risk aversion and dynamics of asset prices among boundedly rational agents [J]. Journal of Banking & Finance, 2014, 43: 150-159.

[205] BenhabibJ, LiuXW, WangPF. Sentiments, financial markets, and macroeconomic fluctuations [J]. Journal of Financial Economics, 2016, 120 (2): 420-443.

[206] Ljungqvist A, Qian W. How constraining are limits to arbitrage? [J]. Review of Financial Studies, 2016, 29 (8): 1975-2028.

[207] He X., Li Y.. Volatility clustering: A nonlinear theoretical approach [J]. Journal of Economic Behavior & Organization, 2016, 130: 274-237.

[208] Berardi M. Endogenous time-varying risk aversion and asset returns [J]. J Evol Econ, 2016, 26: 581-601.

[209] Kukacka J. prospect theory in the heterogeneous agent model [J]. Journal of Economic Interaction and Coordination, 2018: 1-28.

附　　录

A　程序及运行结果

BEKK-VAR-GARCHSAS 程序

样本 1：

MV-GARCH，BEKK-Estimation by BFGS

Convergence in　105 Iterations. Final criterion was　0.0000000 < =　0.0000100

Usable Observations　　　　　　　　931

Log Likelihood　　　　　　　　　7259.0356

Variable	Coeff	Std Error	T-Stat	Signif
1. SH1{1}	-0.074538581	0.052347267	-1.42392	0.15446819
2. SH1{2}	0.026101906	0.052060092	0.50138	0.61610349
3. SH1{3}	0.042773308	0.051063886	0.83764	0.40223121
4. QS1{1}	0.009875885	0.029746029	0.33201	0.73988409
5. QS1{2}	-0.016570249	0.028894698	-0.57347	0.56632635
6. QS1{3}	0.008759038	0.029370214	0.29823	0.76552869
7. Constant	-0.000098132	0.000136116	-0.72094	0.47094424
8. SH1{1}	-0.170466057	0.085485436	-1.99409	0.04614170
9. SH1{2}	0.029040783	0.083399133	0.34821	0.72767913
10. SH1{3}	0.077276720	0.081052633	0.95341	0.34038032
11. QS1{1}	0.047627490	0.050584863	0.94154	0.34643004
12. QS1{2}	-0.028589975	0.051179821	-0.55862	0.57642237
13. QS1{3}	-0.037165745	0.051594229	-0.72035	0.47131141

14. Constant	−0.000347193	0.000228924	−1.51663	0.12935984
15. C(1,1)	0.000054648	0.000238781	0.22886	0.81897422
16. C(2,1)	0.000284785	0.000854589	0.33324	0.73895176
17. C(2,2)	−0.001124366	0.000156266	−7.19519	0.00000000
18. A(1,1)	0.309588809	0.028138281	11.00241	0.00000000
19. A(1,2)	−0.035653670	0.065205184	−0.54679	0.58452167
20. A(2,1)	−0.076012034	0.016688230	−4.55483	0.00000524
21. A(2,2)	0.340385479	0.033102135	10.28289	0.00000000
22. B(1,1)	0.948476890	0.002249352	421.66669	0.00000000
23. B(1,2)	0.092778109	0.006659764	13.93114	0.00000000
24. B(2,1)	0.021786431	0.001852752	11.75896	0.00000000
25. B(2,2)	0.897982542	0.005977646	150.22343	0.00000000

Chi-Squared(2) = 1.404013 or F(2, *) = 0.70201 with Significance Level 0.49558988

Chi-Squared(2) = 4.397454 or F(2, *) = 2.19873 with Significance Level 0.11094430

Chi-Squared(4) = 5.541538 or F(4, *) = 1.38538 with Significance Level 0.23610230

样本2

MV-GARCH, BEKK-Estimation by BFGS

Convergence in   57 Iterations. Final criterion was   0.0000000 <=   0.0000100

Usable Observations   930

Log Likelihood   6240.6696

Variable	Coeff	Std Error	T-Stat	Signif
1. SH1{1}	−0.001839501	0.043004750	−0.04277	0.96588139
2. SH1{2}	−0.118017025	0.043894417	−2.68866	0.00717401
3. SH1{3}	−0.043936513	0.040209663	−1.09269	0.27453195
4. QS1{1}	0.014794031	0.025339035	0.58384	0.55932560
5. QS1{2}	0.075323862	0.025304736	2.97667	0.00291397

6. QS1{3}	0.072569787	0.023875506	3.03951	0.00236965
7. Constant	0.000469265	0.000230337	2.03730	0.04161972
8. SH1{1}	0.109935274	0.072473579	1.51690	0.12929158
9. SH1{2}	−0.012949573	0.072514847	−0.17858	0.85826888
10. SH1{3}	0.008164879	0.065153955	0.12532	0.90027283
11. QS1{1}	0.022102772	0.043018473	0.51380	0.60739376
12. QS1{2}	0.030615198	0.042841397	0.71462	0.47484563
13. QS1{3}	0.041543024	0.039913722	1.04082	0.29795882
14. Constant	0.000935288	0.000398320	2.34808	0.01887042
15. C(1,1)	0.000553599	0.000215000	2.57487	0.01002770
16. C(2,1)	−0.001381913	0.000319003	−4.33198	0.00001478
17. C(2,2)	−0.000000207	0.001008405	−2.05075e−004	0.99983637
18. A(1,1)	0.340140419	0.046217823	7.35951	0.00000000
19. A(1,2)	−0.245808764	0.081035436	−3.03335	0.00241856
20. A(2,1)	−0.085983803	0.026753378	−3.21394	0.00130926
21. A(2,2)	0.301579408	0.042102864	7.16292	0.00000000
22. B(1,1)	0.910564325	0.020843854	43.68503	0.00000000
23. B(1,2)	0.063663632	0.027743747	2.29470	0.02175021
24. B(2,1)	0.045913619	0.011694980	3.92593	0.00008640
25. B(2,2)	0.945496647	0.016302472	57.99713	0.00000000

Chi-Squared(2) = 4.412262 or $F(2,*)$ = 2.20613 with Significance Level 0.11012589

Chi-Squared(2) = 3.173845 or $F(2,*)$ = 1.58692 with Significance Level 0.20455414

Chi-Squared(4) = 11.730347 or $F(4,*)$ = 2.93259 with Significance Level 0.01947327

样本3

MV-GARCH, BEKK-Estimation by BFGS

Convergence in   105 Iterations. Final criterion was   0.0000000 <=   0.0000100

Usable Observations   931

Log Likelihood   7259.0356

Variable	Coeff	Std Error	T-Stat	Signif
**				
1. SH1{1}	-0.074538581	0.052347267	-1.42392	0.15446819
2. SH1{2}	0.026101906	0.052060092	0.50138	0.61610349
3. SH1{3}	0.042773308	0.051063886	0.83764	0.40223121
4. QS1{1}	0.009875885	0.029746029	0.33201	0.73988409
5. QS1{2}	-0.016570249	0.028894698	-0.57347	0.56632635
6. QS1{3}	0.008759038	0.029370214	0.29823	0.76552869
7. Constant	-0.000098132	0.000136116	-0.72094	0.47094424
8. SH1{1}	-0.170466057	0.085485436	-1.99409	0.04614170
9. SH1{2}	0.029040783	0.083399133	0.34821	0.72767913
10. SH1{3}	0.077276720	0.081052633	0.95341	0.34038032
11. QS1{1}	0.047627490	0.050584863	0.94154	0.34643004
12. QS1{2}	-0.028589975	0.051179821	-0.55862	0.57642237
13. QS1{3}	-0.037165745	0.051594229	-0.72035	0.47131141
14. Constant	-0.000347193	0.000228924	-1.51663	0.12935984
15. C(1,1)	0.000054648	0.000238781	0.22886	0.81897422
16. C(2,1)	0.000284785	0.000854589	0.33324	0.73895176
17. C(2,2)	-0.001124366	0.000156266	-7.19519	0.00000000
18. A(1,1)	0.309588809	0.028138281	11.00241	0.00000000
19. A(1,2)	-0.035653670	0.065205184	-0.54679	0.58452167
20. A(2,1)	-0.076012034	0.016688230	-4.55483	0.00000524
21. A(2,2)	0.340385479	0.033102135	10.28289	0.00000000
22. B(1,1)	0.948476890	0.002249352	421.66669	0.00000000
23. B(1,2)	0.092778109	0.006659764	13.93114	0.00000000
24. B(2,1)	0.021786431	0.001852752	11.75896	0.00000000
25. B(2,2)	0.897982542	0.005977646	150.22343	0.00000000

Chi-Squared(2) = 1.404013 or F(2, *) = 0.70201 with Significance Level 0.49558988

Chi-Squared(2) = 4.397454 or F(2, *) = 2.19873 with Significance Level 0.11094430

Chi-Squared(4) = 5.541538 or F(4, *) = 1.38538 with Significance Level 0.23610230

system(model = var1)

variables qs1 sh1

lags 1 2 3

det constant

end(system)

garch(p = 1, q = 1, model = var1, mv = cc, variances = varma, pmethod = simplex, piters = 10, hmatrices = hh, rvectors = rr)

set s1 = rr(t)(1)/sqrt(hh(t)(1,1))

set h1 = rr(t)(2)/sqrt(hh(t)(2,2))

bekkgarch(lags = 12)

s1

bekkgarch(lags = 12)

h1

bekkgarch(lags = 12)

s1 h1

动态面板门槛程序 stata 程序:

thenreg volume pchange turnover, rx(wholestock) qx(lnnaval) thnum(3) grid(400) trim(0.01 0.01 0.05) bs(500 500 500)

est store m1

xthenreg volume pchange turnover, rx(wholestock) qx(lnnaval) xthreg pindex volume pchange, rx(date) qx(pindex) thnum(1) grid(400) trim(0.01) bs(500)

est store m2

ereturn list

mat list e(Thrss)

mat s = e(Thrss)

mat list s

global q1 = s[2, 1]

global q2 = s[3, 1]

_matplot e(LR21), columns(1 2) yline(7.35, lpattern(dash)) connect(direct) msize(small)

```
mlabp(0) mlabs(zero) ytitle("LR Statistics") xtitle("First Threshold") recast(line) name(LR21)
graph export " $out \ xtthres. fig01. wmf", replace
_matplot e(LR22), columns(1 2) yline(7.35, lpattern(dash)) connect(direct) msize(small)
mlabp(0) mlabs(zero) ytitle("LR Statistics") xtitle("Second Threshold") recast(line) name(LR22)
graph export " $out \ xtthres. fig02. wmf", replace

local q1 = $q1
local q2 = $q2
dis "q1 = " in y 'q1' in g "q2 = " in y 'q2'
dropvars d1 d2 lnnavald1 lnnavald2
gen d1 = (q>'q1'&q<'q2') // 生成虚拟变量
gen d2 = (q>='q2')
gen lnnavald1 = lnnaval*d1 // 交乘项
local q1s = substr("'q1'", 1, 4)
local q2s = substr("'q2'", 1, 4)
label var lnnavald1 "lnnavald1(q>'q1s'&q<'q2s')"
gen lnnavald2 = lnnaval*d2
label var lnnavald2 "lnnavald2(q>='q2s')"
xthenreg endprice volume pchange turnover lnnavald1 lnnavald2, fe // 常规标准误
est store fe
xthreg endprice volume pchange turnover lnnavald1 lnnavald2, fe robust // 稳健型估计
est store fe_robust
local s "using $Out \ Table01. csv"
local m "fc fc_robust"
esttab 'm' 's', mtitle('m') nogap s(r2 r2_w N F) star(* 0.1 ** 0.05 *** 0.01) replace
```

B 变量注释表

$FEP_{k,t}$ 　　　　　　　　　t 时间 h 分析师对板块 i 的预测值

$AD_{i,t}$ 　　　　　　　　　分析师预测分歧

符号	含义
S_i	投资者情绪综合指数
thr	门槛变量
λ	门槛值
F_{i1}	情绪算子
R_{it}	为 t 时刻的投资组合收益率
r_f	为无风险收益率
R_{mt}	为资产组合 t 时期的收益率
SMB_t	为规模平均收益率差额
HML_t	为价值差异下的股票平均收益率的差值
x_{tk}	理性投资者
y_{tk}	非理性投资者
z_{tk}	有限理性投资者
r_x	理性投资者收益率
r_y	非理性投资者收益率
r_z	有限理性投资者收益率
θ_1	理性投资者对非理性投资者的掠夺率
θ_2	理性投资者对有限理性投资者的掠夺率
w_x	理性投资者的净进入率
w_y	非理性投资者的净进入率
w_z	有限理性投资者的净进入率
r_m	市场平均收益率
r_f	无风险收益率
U_j	投资者效用
w_j	投资者的初始财富
P_t	T 时刻的股利
Q	资产的供给
r_m	市场平均收益率
PTU_{it}	i 板块 t 时的交易量
NEW_t	t 时的新开户数
DCI_t	t 时的投资者信心指数

PTV_{ti}　　　　　　i 板块 t 时的换手率
PB_{ti}　　　　　　i 板块 t 时的 Beta 值
PCH_{it}　　　　　　i 板块 t 时的价格增量
PRE_{it}　　　　　　i 板块 t 时的收益率
PVO_{it}　　　　　　i 板块 t 时的波动率
$Vola_{it}$　　　　　　i 板块 t 时的价格波动率
$Index_{it}$　　　　　　i 板块 t 时的对数收益率

后 记

本书是我博士以来从事投资者理性研究的一点成果，历时三年，研究过程与写作的艰辛自不必多说，回想这一路走来汗水与回忆交织，难以忘却，心中万分感谢自己的坚持和一直帮助支持我的家人、老师和朋友。

首先，向我的导师赵宝福教授和副导师贾凯威老师致以最高的敬意。感谢赵老师和贾老师对我谆谆教导，指引我前进的方向，在我失落时给予鼓励和帮助以及对我的信任，是我前进的坚强后盾。从最初的选题到相关资料的收集以及后续写作过程中的反复修改，整个过程两位老师都给予了我极大的关心，导师们严谨治学的态度将是我学习的榜样，我会以丰硕的成果回报师恩。

感谢李乃文教授对我的悉心指导和督促，李老师是我的人生导师，在我迷茫时给予我前进的方向，在我碌碌无为时激励我给我力量，李老师研究科学问题的态度是我学习的榜样。

感谢父母、爱人对我无私的支持，感谢所有为我提供过帮助的人。

此外我真心感谢负责审阅和答辩的专家和学者给予的修改意见，使我能够进一步提升自己的学术能力。

希望在以后的人生道路上仍然能保持一颗探索的心继续前行。

李伯华

2023 年 9 月 1 日